Kerstin Reinke
Ursula Hirschfeld

# 44 Aussprachespiele

für Gruppen- und Plenumsarbeit

## Deutsch als Fremdsprache

Alles Digitale zu diesem Buch kann auf der Lernplattform **allango** von Ernst Klett Sprachen abgerufen werden. So geht's:

QR-Code scannen oder **www.allango.net** aufrufen

Buchtitel oder ISBN in der Suche eingeben und auf das Buchcover klicken

Zum Inhalt navigieren, direkt abrufen oder speichern

Dieses Symbol bedeutet, dass zu einem Buch-Abschnitt ein digitaler Inhalt verfügbar ist.

Ernst Klett Sprachen
Stuttgart

1. Auflage    9    |    2026

Grundlegend überarbeitete, eigenständige Ausgabe des Titels „33 Aussprachespiele" mit 19 neuen und 25 überarbeiteten Spielen.

Autorinnen: Prof. Dr. Kerstin Reinke, Prof. Dr. Ursula Hirschfeld

**Redaktion:** Eva Neustadt, Marcelo Rodríguez
**Layoutkonzeption:** Marion Köster, Sandra Vrabec, Stuttgart
**Satz:** bostext, Friolzheim
**Illustrationen:** Nena Dietz
**Umschlag- und Mediengestaltung:** Sandra Vrabec
**Umschlagfoto:** Shutterstock (Antonio Guillem), New York; iStockphoto (GlobalP), Calgary, Alberta
**Tonregie und Schnitt:** Ton in Ton Medienhaus, Stuttgart; Andreas Nesic, custom music, Stuttgart
**Sprecher:** Tobias Föhrenbach, Katja Schumann, Michael Speer, Luise Wunderlich
**Druck und Bindung:** Digitaldruck Tebben GmbH, Biessenhofen

Printed in Germany
ISBN 978-3-12-675187-2

# Inhaltsverzeichnis

# Inhaltsverzeichnis

# Einführung

Die fremde Sprache Deutsch zu verstehen und verständlich zu sprechen, setzt gut
entwickelte Aussprachefertigkeiten voraus. Um den oft schwierigen Lernprozess zu
unterstützen und Lernende zu motivieren, können im Unterricht Spiele zu verschiedenen phonetischen Themen eingesetzt werden. In diesem Buch werden
Aussprachespiele vorgestellt, die sich sowohl thematisch als auch vom Schwierigkeitsgrad her an verschiedene Lerngruppen anpassen, d.h. variieren lassen. Sie
sind nach phonetischen Themen zusammengestellt, also nicht nach dem
Schwierigkeitsgrad, sie folgen keiner Progression.

**Was ist unter Aussprache zu verstehen?**
Der Begriff Aussprache umfasst sowohl segmentale (Vokale, Konsonanten) als
auch suprasegmentale (Melodie, Sprechtempo, Lautstärke, Akzentuierung,
Rhythmus, Gliederung) Strukturen und Merkmale. Beide Ebenen sind untrennbar
miteinander verbunden. Ausspracheübungen beschränken sich deshalb nicht auf
einzelne Laute, sondern umfassen immer alle Klangmerkmale der gesprochenen
Sprache. Geübt wird sowohl das Hören (Identifizieren, Differenzieren) als auch das
Aussprechen.

**Warum gibt es Schwierigkeiten beim Aussprachelernen?**
Es gibt vielfältige – sprachabhängige sowie individuell unterschiedliche – Ursachen
für Ausspracheprobleme. Grundlegend ist zunächst der Kontrast zwischen der
Muttersprache (oder anderen, früher gelernten Fremdsprachen) und der Fremdsprache Deutsch. Hieraus entstehen Interferenzen, die als „fremder Akzent"
bezeichnet werden und an denen man die Ausgangssprache oft auch bei weit
fortgeschrittenen Lernenden noch erkennen kann. Wie stark sie sind, wie langlebig
und in welchen Formen solche Interferenzen in Erscheinung treten, hängt von den
Voraussetzungen ab, die die Lernenden mitbringen. Dazu gehören neben dem
Lernalter

- das Hörvermögen, d.h. die Fähigkeit, phonetische (segmentale und suprasegmentale) Merkmale der Fremdsprache Deutsch erkennen und unterscheiden
  zu können,
- sprechmotorische Fähigkeiten und Fertigkeiten, die es ermöglichen, die
  phonetischen Merkmale adäquat bilden zu können,
- Einstellungen (Motivation), Verhaltensweisen, Lernstrategien usw.

Diese individuell unterschiedlich ausgeprägten, mehr oder weniger guten
Voraussetzungen verlangen eine Individualisierung im Ausspracheunterricht,
die u.a. in spielerisch angelegten Unterrichtsphasen unterstützt werden kann.

Auch die Lehr- und Lernbedingungen wirken sich auf Erfolge beim Aussprachelernen aus: Interessierte, motivierte, gut ausgebildete Lehrende können sehr viel
erreichen. Gute Materialien, kleine Lerngruppen und eine entspannte Unter-
richtssituation tragen ebenfalls dazu bei, dass gezielt und erfolgreich an der
Aussprache gearbeitet werden kann.

**Was können Aussprachespiele leisten?**

Aussprachespiele bzw. spielerische Ausspracheübungen können

- motivieren und sensibilisieren (auch für formale Aspekte der Sprache),
- quasiauthentische Sprechanlässe und eine realitätsorientierte Sprachanwendung bieten,
- die kommunikative Kompetenz erhöhen,
- alle Lernenden gleichzeitig aktiv beteiligen, d.h. das aktive und bewusste Aussprechen intensivieren.

Sie verlangen

- die grundlegende Beherrschung phonetischer Formen,
- die Kenntnis der Laut-Buchstaben-Beziehungen sowie wichtiger Regeln und Merkmale für die richtige Aussprache,
- eine Konzentration auf die phonetische Form – neben den Anforderungen, die Spielverlauf und Spielinhalte mit sich bringen.

Sie ermöglichen

- den Abbau von Sprechhemmungen,
- die Wiederholung und Festigung gelernter Formen,
- die spielerische Verbindung von Aussprache, Wortschatz und Grammatik,
- die situative Variation und den situationsangemessenen Gebrauch von Ausspracheformen,
- Methodenwechsel und Methodenvielfalt,
- ganzheitliches Lernen, Lernen mit allen Sinnen.

Sie sind

- handlungsorientiert,
- affektiv und kognitiv,
- interkulturell,
- gut für die sonst Zurückhaltenden, denn Spiele sind entspannt und machen Spaß.

Außerdem vermitteln sie ein Gemeinschaftsgefühl und entwickeln die Team-fähigkeit.

Jedes Spiel verfolgt mehrere **Lernziele**, d.h. geübt und vermittelt werden meist im Komplex:

- Hören (Unterscheiden und Identifizieren lautlicher und suprasegmentaler Besonderheiten),
- Aussprechen (Automatisieren und Anwenden neuer Artikulationsmuster und suprasegmentaler Besonderheiten),
- Vertiefen von Ausspracheregeln (z.B. Laut-Buchstabenbeziehungen).

**Was leisten Aussprachespiele nicht?**

Aussprachespiele dienen nicht der Einführung und Korrektur phonetischer Formen. Das muss vor dem Spielen (und kann nach dem Spielen) geschehen. Im Spiel geht es um Anwendung, Automatisierung und Variation.

**Was ist das Besondere an Aussprachespielen?**

Eine Besonderheit gegenüber anderen Sprachspielen ist ein nicht ganz so freier, aber durchaus kreativer Umgang mit der Sprache. Durch die vorgegebenen phonetischen Themen wird das zu verwendende sprachliche Material eingeschränkt, die Spiele wirken wegen der gehäuften Verwendung bestimmter phonetischer Formen evtl. gelenkt oder auch gekünstelt. Das ist notwendig, um auch beim Spielen Lerneffekte zu erreichen und wird die Spielenden nicht stören. Außerdem kann eine Orientierung an der phonetischen Form der Sprache auch auf besondere Weise ästhetisch reizvoll und originell sein. Somit sensibilisieren sie auch für den spezifischen Klang der Sprache, der z.B. beim Reimen entsteht.

### Welche Rolle spielen die Lehrenden?

Die Lehrenden müssen die Spiele gut kennen und sie entsprechend vorbereiten, d.h. die Spielanleitung genau lesen, verstehen, erklären können, die Materialien anfertigen und eine Nachbereitung vornehmen. Sie müssen nicht (immer) auch Spielleiter sein, das können in vielen Fällen die Lernenden sein, bei parallel arbeitenden Kleingruppen ist es ohnehin so.

### Wann können Aussprachespiele eingesetzt werden?

Die Spiele sollten – im Gegensatz zu Aufwärm- oder Kennenlernspielen – nicht am Anfang einer Unterrichtseinheit eingesetzt werden. Man darf sie auch nicht in jeder folgenden Unterrichtsphase einsetzen. Sie sollten vorbereitet werden, d.h. die Anbahnung und Korrektur von Lauten oder prosodischen Erscheinungen muss weitgehend abgeschlossen sein und in der Automatisierungsphase stattfinden. Werden die Spiele zu früh eingesetzt, kann unter Umständen eine fehlerhafte Aussprache gefestigt werden. Dennoch sollten sie regelmäßig eingesetzt werden und somit zentraler Bestandteil des Unterrichts sein, gern auch in Verbindung mit Wortschatz- und Grammatikspielen.

### Welches Sprachniveau wird vorausgesetzt?

Die hier vorgestellten Spiele sind für Lernende aller Stufen geeignet, da Wortschatz und Schwierigkeitsgrad leicht variierbar sind. Die Lehrenden entscheiden, ob sich die Spiele für ihre Lerngruppe in der vorgegebenen Form eignen oder ob die Spielmaterialien ggf. verändert werden sollten. Die Angaben zum Niveau beziehen sich nicht auf den Stand der Aussprachefertigkeiten, sondern auf Wortschatz- und Grammatikkenntnisse und den allgemeinen Sprachstand. Der Spielverlauf selbst ist in den meisten Fällen ganz einfach.

Manchmal werden Bedenken geäußert, ob denn solche Spiele auch für erwachsene Lernende geeignet sind. Aus unserer Sicht lassen sich auch erwachsene Lernende gern auf die Spielsituation ein, wenn sie den Zweck der Spiele (Verbesserung der Aussprachefertigkeiten) kennen.

### Wie sind die Hörbeispiele zu verwenden?

Die Hörbeispiele, die Sie auf allango finden, sind nicht Bestandteil der Spiele, d.h. sie werden beim Spielen nicht gehört. Die gesprochenen Beispiele, oft Lösungen oder Lösungsvorschläge, dienen der Vor- und Nachbereitung der Spiele. Die Aufnahmen können für Hör-, Nachsprech- und Diktatübungen verwendet werden.  Je nach Sprachstand können die Beispiele schriftlich vorgegeben werden, so dass Markierungen und Zuordnungen möglich sind. Im Buch sind alle Hörbeispiele abgedruckt.

**Was ist vorzubereiten?**

Es muss zunächst geprüft werden, ob Lernziel und Spielziel in den Unterrichtsablauf passen und ob sich das ausgewählte Spiel für die konkrete Lerngruppe in der vorliegenden Form eignet.

*Phonetische/sprachliche Inhalte:*

Die zu übenden Laute, Akzentmuster usw. müssen vor dem Spiel eingeführt sein und beherrscht werden. Es sollten auch die in einigen Spielen verwendeten Transkriptionszeichen eingeführt werden, falls sie den Lernenden unbekannt sind. Hierzu eignen sich die im Spiel 33 „Alles im Haus" angegebenen Beispiele, die sowohl gelesen als auch gehört werden können.

Zur Vorbereitung eines Spiels können Merkmale und Regeln der im Spiel thematisierten phonetischen Formen – auch mit Hilfe der Hörbeispiele – bewusst gemacht und systematisiert werden. Der in den Spielen verwendete Wortschatz sollte allen Mitspielern bekannt sein, unbekannte Wörter müssen vor dem Spiel eingeführt werden. Wenn Lernende eigene Äußerungen bilden, sollten sie im Sinne des Spiels als angemessen bewertet werden, wenn sie syntaktischen und pragmatischen Anforderungen genügen.

*Materialien:*

Bei einigen Spielen müssen Übersichten, Kärtchen usw. kopiert oder ausgedruckt und vorbereitet werden, bei einigen können Folien oder Tafelbilder vorbereitet werden, einige kommen ohne zusätzliche Materialien aus.

*Spielverlauf:*

Vor dem ersten Einsatz sollten Sie das Spiel ausprobieren und überlegen, wie Sie Spielverlauf und Spielregeln in Ihrer Lerngruppe verständlich erklären können. Ratsam ist es oft, mit den Lernenden gemeinsam ein oder zwei Beispiele auszuprobieren. Dabei können Fragen geklärt werden und der spätere Spielverlauf wird nicht gestört.

Sie müssen die Einteilung der Gruppen und die zeitlichen Abläufe planen. Achten Sie darauf, dass der Wettbewerbscharakter erhalten bleibt, auch bei den Spielen, in denen es keinen klaren Gewinner gibt.

Wichtig ist auch, dass die „Spielsprache" geübt wird, d.h. es müssen entsprechende Redemittel eingeführt werden: *Wer ist dran?*; *Du bist/Sie sind dran/an der Reihe.*; *eine Karte ziehen*; *Karten mischen* usw.

*Wahl des Spielleiters und des ersten Mitspielers (Spielbeginn):*

Spielleiter kann der/die Lehrende sein, es kann aber auch ein Mitspieler nach bestimmten Kriterien ausgewählt werden:

- Auswahl unter *Lernzielaspekt*: Es kann sehr hilfreich sein, einen Lernenden als Spielleiter auszuwählen, der noch größere Ausspracheprobleme hat. In der Rolle als Spielleiter ergeben sich oft gute Übungsmöglichkeiten. Außerdem werden die Mitspieler oftmals gezielt nachfragen, sobald sie ein Wort oder eine Äußerung nicht gut genug verstanden haben.

- Spielerische Auswahl (*Zufallsprinzip*): Hier kann vereinbart werden, dass der Spielleiter bzw. der Mitspieler, welcher das Spiel beginnt, nach einem vorher vereinbarten Kriterium ausgewählt wird, z.B. durch Würfeln; durch Auswahl des jüngsten/ältesten, kleinsten/größten Mitspielers; des Verlierers der vorangegangenen Runde; des Geburtstagskindes; des Mitspielers mit den längsten/ kürzesten Haaren; mit den höchsten Absätzen etc.

### Wie kann die Nachbereitung erfolgen?

Da die Spiele mehrfach eingesetzt werden sollen, ist eine Nachbereitung sinnvoll. Wir empfehlen einen Austausch mit den Lernenden: Was war hilfreich, was war lustig, schwierig usw.? Wobei gab es Ausspracheprobleme?

Lehrende sollten sich während des Spiels Aussprache- und andere Fehler notieren, geübt wird dann nach dem Spiel, während des Spiels erfolgt keine Fehlerkorrektur. Auch die Verwendung neuer (evtl. falsch gebildeter oder falsch verwendeter) Wörter und Äußerungen kann nach dem Spiel problematisiert werden – auch in einer nächsten Unterrichtsstunde, falls Sie sich erst selbst kundig machen müssen.

### Welche Variationsmöglichkeiten gibt es?

Verändert werden können

- *die phonetischen Themen:* Der gleiche Spielablauf kann für das Üben eines anderen Ausspracheschwerpunktes genutzt werden.
- *der verwendete Wortschatz:* Je nach Sprachstand kann das Wortmaterial ganz oder teilweise ersetzt, erweitert oder eingeschränkt werden.
- *der Spielablauf:* Er kann vereinfacht und in jeder erdenklichen Weise verändert werden. Die für das Spiel angegebenen Wörter können fast immer verwendet werden, um zusätzlich damit Wortgruppen und Sätze bzw. Reimpaare zu bilden, sie grammatisch umzuformen etc. Das Material vieler Spiele kann in einfachen – ergänzenden oder vorbereitenden – spielerischen Übungen verwendet werden, z.B. beim „Kofferpacken" (reihum wird eine Äußerung erweitert, d.h. um ein Beispiel ergänzt) oder in Gedächtnisübungen (10 beliebige Wörter oder Wortgruppen vorlesen – Wer kann aus dem Gedächtnis die meisten Dinge notieren?).

Die Hörbeispiele können für Übungen zum (verstehenden, phonetischen) Hören und/oder (Aus-)Sprechen genutzt werden.

Eine schöne Aufgabe für Fortgeschrittene ist es, die Spiele zu verändern oder neue zu entwickeln.

### Wie ist dieses Buch aufgebaut?

Die 44 Spielbeschreibungen enthalten alle notwendigen Informationen für Lehrende, in der Randspalte sind jeweils das allgemeine Sprachniveau, die ungefähre Dauer und die Sozialform(en) der Spiele angegeben.

Die Vorlagen für die Spiele können direkt (oder vergrößert) kopiert werden oder in der gewünschten Größe ausgedruckt werden. Sie stehen auf allango zum Download zur Verfügung.

Aus Gründen der einfacheren Lesbarkeit werden im Buch nur maskuline Formen verwendet, selbstverständlich sind damit alle Personen angesprochen.

\*\*
bis
\*\*\*

Niveau

10 – 20 min

Dauer

Alle spielen
zusammen ein Spiel.

Es wird in Kleingruppen
parallel gespielt.

**Von „33 Aussprachespiele" zu „44 Aussprachespiele" – was ist neu?**
In „44 Aussprachespiele" finden Sie einige bekannte, aber auch viele neue Spiel-
ideen und -materialien. Manche Spiele wurden nicht wieder aufgenommen.

Die übernommenen Spiele wurden erweitert und um neue Spielvarianten, Übungsmöglichkeiten und Vorlagen für weitere phonetische Themen ergänzt. Es gibt neue
ansprechende Abbildungen und alle Spielvorlagen sind online abrufbar.

Insgesamt sind die Spielbeschreibungen jetzt adressatenfreundlicher: Pikto-
gramme zeigen Ihnen z.B. auf einen Blick, für welches Sprachniveau ein Spiel
geeignet ist, wie viel Zeit es beansprucht und in welchen Sozialformen es
durchgeführt werden kann.

**Literaturempfehlungen**

- Daum, S./Hantschel, H.-J.: 55 kommunikative Spiele. Deutsch als Fremdsprache.
  Stuttgart: Klett 2012.
- Dieling, H./Hirschfeld, U.: Phonetik lehren und lernen. München: Langenscheidt
  2000.
- Fischer, A.: Deutsch lernen mit Rhythmus. Der Sprechrhythmus als Basis einer
  integrierten Phonetik im Unterricht Deutsch als Fremdsprache. Leipzig:
  Schubert-Verlag 2007.
- Hirschfeld, U./Reinke, K. (Hrsg.): Phonetik in Deutsch als Fremdsprache: Theorie
  und Praxis. Themenheft der Zeitschrift für Interkulturellen Fremdsprachen-
  unterricht 12/2, 2007.
  URL: https://zif.spz.tu-darmstadt.de/jg-12–2/navigation/startbei.htm
- Hirschfeld, U./Reinke, K./Stock, E. (Hrsg.): Phonothek intensiv. München:
  Langenscheidt 2007.
- Hirschfeld, U./Reinke, K.: Integriertes Aussprachetraining in DaF/DaZ und der
  Gemeinsame europäische Referenzrahmen für Sprachen. Zeitschrift Deutsch als
  Fremdsprache 3/2012, S. 131-138.
- Hirschfeld, U./Reinke, K.: Phonetik in Deutsch als Fremd-/Zweitsprache. In: Ines
  Bose, Ursula Hirschfeld, Baldur Neuber, Eberhard Stock (Hrsg.): Einführung in
  die Sprechwissenschaft. Phonetik, Rhetorik, Sprechkunst. Tübingen: Narr 2013,
  69–80.
- Hirschfeld, U./Reinke, K./Reinke, D.: Phonetik Simsalabim Online 2013.
  URL: http://www.simsalabim.reinke-eb.de/index.html
- Reinke, K.: Einfach Deutsch aussprechen. Phonetischer Einführungskurs Deutsch
  als Fremdsprache. Leipzig: Schubert-Verlag 2011.
- Reinke, K.: Phonetiktrainer A1-B1. Stuttgart: Klett 2012.
- Reinke, K.: Phonetiktricks. Ausgesprochen gut! 17 Online-Videosequenzen zum
  Phonetiktrainer A1-B1. Stuttgart: Klett 2012. URL: www.klett.de/phonetiktrainer

# 1 | Worträtsel

**Phonetik-Thema:** Ö- und Ü-Laute, E- Laute, Ich- und Ach-Laute, Transkription

**Vorbereitung/Material:**

- Worträtsel auf die Tafel/auf eine Folie übertragen *oder*
- pro Mitspieler eines der vier Worträtsel kopieren

**Spielverlauf:**

*Möglichkeit 1 (Kleingruppen)*: Das Worträtsel wird an die Tafel geschrieben. Der Spielleiter liest die Fragen nacheinander vor. Die Kleingruppen versuchen, das Rätsel vollständig zu lösen. Die Gruppe, die zuerst fertig ist, meldet sich und darf das Rätsel an der Tafel oder mündlich lösen. Wenn alles stimmt, hat sie gewonnen.

*Möglichkeit 2 (Einzelarbeit)*: Jeder Mitspieler hat eine Kopie des Worträtsels vor sich liegen und versucht, das Rätsel allein zu lösen. Wer zuerst fertig ist, meldet sich und darf das Rätsel an der Tafel oder mündlich lösen. Wenn kein Fehler enthalten ist, hat er gewonnen.

→ Bei Rätsel 4 sollen vor und nach den Transkriptionszeichen die Buchstaben ergänzt werden.

**Spielvarianten und weitere Übungsmöglichkeiten:**

- Zu den vorgegebenen phonetischen Themen lassen sich weitere Rätselfragen vorbereiten.
- Worträtsel lassen sich nach vorgegebenem Muster auch für andere phonetische Themen anfertigen (R-Laute, Fortis- und Lenis-Plosive, …).
- In Gruppen können Worträtsel zu einem speziellen phonetischen Thema (z.B. E-Laute, Ö-Laute) für eine andere Gruppe angefertigt werden.
- Die gefundenen Wörter werden emotional gesprochen – die anderen raten, in welcher Stimmung man ist, z.B. begeistert oder entsetzt.

**Vorbereitung und Korrektur:**

- Nach dem Spiel können die Mitspieler die Lösungswörter (Hörbeispiele 1–4) nachsprechen.
- Korrigieren Sie, wenn die Mitspieler das Lösungswort nicht richtig aussprechen – der Schwerpunkt liegt dabei auf dem jeweiligen phonetischen Thema (siehe Korrekturhinweise in der Einführung).
- Beziehen Sie die anderen Mitspieler in die Korrektur ein – sie beurteilen, ob das Lösungswort richtig ausgesprochen wurde und korrigieren ggf.

**Hörbeispiele 01–04**

| 01 | 02 | 03 | 04 |
|---|---|---|---|
| **Ö- und Ü-Laute (Rätsel 1)** | **E-Laute (Rätsel 2)** | **Ich- und Ach-Laute (Rätsel 3)** | **Transkription (Rätsel 4)** |
| 1. der Frühling | 1. das Bett | 1. die Bücher | 1. das Röschen |
| 2. das Grün | 2. die Eltern | 2. die Töchter | 2. die Löcher |
| 3. die Vögel | 3. der Stern | 3. die Dächer | 3. die Türen |
| 4. die Möbel | 4. die Schere | 4. die Nacht | 4. die Mütter |
| 5. die Töne | 5. der See | 5. die Brötchen | 5. die Räder |
| 6. die Mütter | 6. das Mehl | 6. die Milch | 6. das Messer |
| 7. die Brötchen | 7. die Zehn | 7. die Märchen | 7. der Schnee |
| 8. die Löwen | 8. die Lehrer | 8. die Acht | 8. das Licht |
| 9. die Wörter | 9. der März | 9. der Kuchen | 9. die Nacht |
| 10. die Bücher | 10. die Märchen | 10. die Sechzig | 10. Erwachsene |

## Rätsel 1 (Ö- und Ü-Laute):
### Fragen für Spielleiter *(mit Lösungen)*

1. Eine Jahreszeit? (der *Frühling*)

2. Eine Farbe? (das *Grün*)

3. Sie können fliegen? (die *Vögel*)

4. Man hat sie im Zimmer? (die *Möbel*)

5. Man kann sie hören? (die *Töne*)

6. Sie haben Söhne und Töchter? (die *Mütter*)

7. Man isst sie zum Frühstück? (die *Brötchen*)

8. Sie sind gefährliche Tiere? (die *Löwen*)

9. Man muss sie lernen? (die *Wörter*)

10. Man kann sie lesen? (die *Bücher*)

## Rätsel 2 (E-Laute):
### Fragen für Spielleiter *(mit Lösungen)*

1. Man kann darin schlafen? (das *Bett*)

2. Sie haben Kinder? (die *Eltern*)

3. Er leuchtet in der Nacht am Himmel? (der *Stern*)

4. Man kann damit Papier schneiden? (die *Schere*)

5. Man kann darin baden? (der *See*)

6. Man braucht es zum Kuchenbacken? (das *Mehl*)

7. Acht, neun und …? (die *Zehn*)

8. Sie unterrichten in der Schule? (die *Lehrer*)

9. Der dritte Monat im Jahr ist der …? (der *März*)

10. Kinder lesen gerne …? (die *Märchen*)

## Rätsel 3 (Ich- und Ach-Laute):
### Fragen für Spielleiter *(mit Lösungen)*

1. Man kann sie lesen? (die *Bücher*)

2. Eltern haben Kinder – das sind Söhne und …?
(die *Töchter*)

3. Schränke haben Fächer, Häuser haben …?
(die *Dächer*)

4. Am Tage ist es hell – dunkel ist es in der …?
(die *Nacht*)

5. Man isst sie zum Frühstück? (die *Brötchen*)

6. Man kann sie trinken? (die *Milch*)

7. Kinder hören gerne …? (die *Märchen*)

8. Nach der Sieben kommt die …? (die *Acht*)

9. Man muss ihn backen? (der *Kuchen*)

10. Sechs mal Zehn ist …? (die *Sechzig*)

## Rätsel 4 (Transkription):
### Fragen für Spielleiter *(mit Lösungen)*

1. Eine kleine Rose ist ein …? (das *Röschen*)

2. Strümpfe haben manchmal …? (die *Löcher*)

3. Ein Haus hat Fenster und …? (die *Türen*)

4. Zwei Väter und zwei …? (die *Mütter*)

5. Ein Auto hat vier …? (die *Räder*)

6. Man braucht es zum Schneiden? (das *Messer*)

7. Im Winter gibt es Eis und …? (der *Schnee*)

8. Dunkelheit und …? (das *Licht*)

9. Tag und …? (die *Nacht*)

10. Kinder und …? (*Erwachsene*)

**44 Aussprachespiele**
ISBN 978-3-12-675187-2
Alles Digitale auf **allango.net**

## Rätsel 1: Ö- und Ü-Laute

1. _ _ Ü _ _ _ _ _

2. _ Ü _

3. _ Ö _ _ _

4. _ Ö _ _ _

5. _ Ö _ _

6. _ Ü _ _ _ _

7. _ _ Ö _ _ _ _ _

8. _ Ö _ _ _

9. _ Ö _ _ _ _

10. _ Ü _ _ _ _

## Rätsel 2: E-Laute

1. _ E _ _

2. E _ _ _ _ _

3. _ _ E _ _

4. _ _ _ E _ _

5. _ EE

6. _ EH _

7. _ EH _

8. _ EH _ _

9. _ Ä _ _

10. _ Ä _ _ _ _ _

## Rätsel 3: Ich- und Ach-Laute

1. _ _ CH _ _

2. _ _ CH _ _ _

3. _ _ CH _ _

4. _ _ CH _

5. _ _ _ _ CH _ _

6. _ _ _ CH

7. _ _ _ CH _ _

8. _ CH _

9. _ _ CH _ _

10. _ _ CH _ _ _

## Rätsel 4: Transkription

1. _ [ø:] _ _ _ _ _

2. _ [œ] _ _ _ _

3. _ [y:] _ _ _

4. _ [ʏ] _ _ _ _

5. _ [ɛ:] _ _ _

6. _ [ɛ] _ _ _ _

7. _ _ _ _ [e:]

8. _ _ [ç] _

9. _ _ [x] _

10. _ _ _ _ [ks] _ _ _

# 2 | Vokal-Bingo

10 – 20 min
variabel

**Phonetik-Thema:** Vokalquantität und -qualität

**Mitspieler:**

- 2 bis 6; für mehr als 6 Mitspieler müssen weitere Bingotafeln angefertigt werden: Dazu pro zusätzlichen Mitspieler je eine leere Bingotafel kopieren und in beliebiger Reihenfolge Wörter von den anderen Bingokarten übertragen.

**Vorbereitung/Material:**

- pro Mitspieler eine Bingotafel je zweimal kopieren
- einmal die Bingotafeln für die Mitspieler ausschneiden und einmal die Tafeln in die einzelnen Wortkärtchen zerschneiden und diese gut mischen
- ca. 20 kleine Spielfiguren oder Schokodragees/kleine Bonbons/Gummibärchen etc. pro Mitspieler

**Spielverlauf:**

Jeder Mitspieler erhält eine Bingotafel und genügend viele Spielfiguren, z.B. Gummibärchen. Der Spielleiter zieht nacheinander je ein Wortkärtchen und liest das Wort darauf laut und deutlich vor. Dann legt er das Wortkärtchen beiseite, nimmt das nächste Wortkärtchen und liest es vor usw. Die Mitspieler prüfen jeweils, ob das gehörte Wort auf ihrer Bingotafel steht. Auf jedes gefundene Wort legen sie eine Spielfigur.

*Möglichkeit 1*: Wer zuerst eine senkrechte, waagerechte oder diagonale Linie hat (ohne Unterbrechung der Linie durch ein Bild mit einer Blume), ruft laut: „Bingo". Der Spielleiter überprüft, ob tatsächlich alle Wörter, die auf der Bingokarte des Gewinners markiert sind, auch vorgelesen wurden. Wenn ja, ist der Sieger ermittelt und darf alle Gummibärchen auf der Bingokarte aufessen.
*Möglichkeit 2*: Das Spiel wird weiter geführt, bis alle Wortkarten vorgelesen sind. Es gibt nur Gewinner. Am Ende dürfen alle Gummibärchen aufgegessen werden.

**Spielvarianten und weitere Übungsmöglichkeiten:**

- Mit dem Spiel kann auch die Transkription (rezeptiv) geübt werden. Dafür werden die Bingotafeln mit den Transkriptionszeichen (S. 18 – 19) verwendet. Das Spiel läuft so ab: Der Spielleiter liest das dazugehörige Wortkärtchen vor, die Mitspieler konzentrieren sich auf den Akzentvokal (das Transkriptionszeichen) und legen eine Spielfigur auf das Wort mit dem entsprechenden Akzentvokal.
- Spielleiter kann ein Mitspieler sein. Der Übungseffekt für ihn ist besonders groß, weil er sich besonders bemühen muss, alle Wörter deutlich auszusprechen. Sobald der Spielleiter das nicht tut, werden die Mitspieler ihn automatisch dazu auffordern.
- Es können Bingokarten mit Wörtern angefertigt werden, die Probleme beim Verstehen und Aussprechen bereiten.
- Es können Bingokarten zu speziellen phonetischen Distinktionen angefertigt werden: Vokale lang-kurz; Konsonanten fortis-lenis; Sätze mit steigender-gleichbleibender-fallender Melodie usw.
- In Kleingruppen basteln die Mitspieler selbst Bingospiele zu einem bestimmten phonetischen Thema und probieren sie dann mit allen anderen aus.
  → Wichtig: Stellen Sie unbedingt passendes Wortmaterial zur Verfügung.

**Vorbereitung und Korrektur:**

- Lassen Sie die Mitspieler einige Kontrastpaare (Hörbeispiel 5) vor dem Spiel hören und nachsprechen.
- Sie können die Wörter mehrmals und sehr deutlich vorsprechen und dabei gestische Mittel einsetzen.
- Falls ein Mitspieler die Wörter vorspricht, sollten Sie ihn zum deutlichen Vorsprechen ermuntern.

**Hörbeispiel 05** 🔲

**05/1**

**A-Laute**

Stall – Stahl; Masse – Maße; Kamm – kam; Stadt – Staat; satt – Saat; kann – Kahn; Gast – Gas; Wald – Wahl; Schatten – Schaden

**05/2**

**E-Laute**

wecken – wegen; Bett – Beet; Kelle – Kehle; wenn – wen; retten – reden; Betten – beten

Väter – Feder; läsen – lesen; Bären – Beeren; lägen – legen; wählen – fehlen;

Wellen – wählen; Teller – Täler

**05/3**

**I-Laute**

Mitte – Miete; im – ihm; bitten – bieten; in – ihn; Lippe – Liebe

**05/4**

**O-Laute**

offen – Ofen; sollen – Sohlen

**05/5**

**U-Laute**

Rum – Ruhm; Hund – Huhn

**05/6**

**Ö-Laute**

Hölle – Höhle; öffnen – Öfen

**05/7**

**Ü-Laute**

füllen – fühlen; wüsste – Wüste; Hütte – Hüte; Füller – Fühler

**05/8**

**I- und E-Laute**

bitten – Betten; hier – her; dir – der; mir – Meer; wir – wer; wiegen – wegen; liegen – legen; ließen – lesen; lieben – leben; bieten – beten

**05/9**

**I- und Ü-Laute**

Tipp – Typ; Tier – Tür; vier – für; Biene – Bühne; liegen – lügen

**05/10**

**U- und Ü-Laute**

Mull – Müll; Mutter – Mütter; Bruder – Brüder; Tour – Tür

**05/11**

**E- und Ö-Laute**

kennen – können; Säckchen – Söckchen; Kellner – Kölner

**05/12**

**O- und Ö-Laute**

Tochter – Töchter; schon – schön; Sonne – Söhne

| Miete | wegen | hier | Typ | wiegen |
|---|---|---|---|---|
| legen | Väter | �֍ | Biene | Mütter |
| Brüder | füllen | Hölle | wer | Stall |
| Beet | Masse | Gast | lesen | offen |
| Kehle | Sonne | Wüste | satt | kann |

| her | Rum | Mitte | wir | lägen |
|---|---|---|---|---|
| wenn | Maße | �֍ | Feder | Tier |
| Höhle | wen | können | reden | Öfen |
| Stadt | liegen | Töchter | Wellen | läsen |
| Hüte | Schatten | wegen | schön | wüsste |

| retten | Gas | Stahl | leben | Müll |
|---|---|---|---|---|
| Tour | Ofen | im | Söckchen | Hund |
| Typ | Bären | ✖ | Füller | Töchter |
| Sohlen | Kamm | den | Mutter | Kölner |
| Täler | offen | Meer | Beet | Kelle |

44 Aussprachespiele
ISBN 978-3-12-675187-2
Alles Digitale auf allango.net

| | | | | |
|---|---|---|---|---|
| Saat | Sohn | ihm | leben | legen |
| Hund | fehlen | schon | Kellner | ✿ |
| Beeren | Füller | Mütter | Kahn | Teller |
| denn | lügen | Säckchen | schaden | Gast |
| Väter | Kelle | mir | Bett | beten |

| | | | | |
|---|---|---|---|---|
| bieten | Liebe | Bruder | ihn | ✿ |
| Ruhm | wählen | Beet | Bühne | Sohn |
| Staat | Öfen | wüsste | Meer | wecken |
| vier | Wahl | fühlen | Schlosser | offen |
| Bären | Mull | der | Rum | Lippe |

| | | | | |
|---|---|---|---|---|
| öffnen | Hütte | dir | Feder | Ruhm |
| in | sollen | bitten | Tür | Huhn |
| für | Tochter | kam | her | Mütter |
| Tipp | kennen | ✿ | Fühler | Betten |
| Wald | denn | Schlösser | Wellen | Gas |

**44 Aussprachespiele**
ISBN 978-3-12-675187-2
Alles Digitale auf **allango.net**

| | | | | |
|---|---|---|---|---|
| M[i:]te | w[e:]gen | h[i:]r | T[y:]p | w[i:]gen |
| l[e:]gen | V[ɛ:]ter |  | B[i:]ne | M[ʏ]tter |
| Br[y:]der | f[ʏ]llen | H[œ]lle | w[e:]r | St[a]ll |
| B[e:]t | M[a]sse | G[a]st | l[e:]sen | [ɔ]ffen |
| K[e:]le | S[ɔ]nne | W[y:]ste | s[a]tt | k[a]nn |

| | | | | |
|---|---|---|---|---|
| h[e:]r | R[ʊ]m | M[ɪ]tte | w[i:]r | l[ɛ:]gen |
| w[ɛ]nn | M[a:]ße | | F[e:]der | T[i:]r |
| H[ø:]le | w[e:]n | k[œ]nnen | r[e:]den | [ø:]fen |
| St[a]dt | l[i:]gen | T[œ]chter | W[ɛ]llen | l[ɛ:]sen |
| H[y:]te | Sch[a]tten | w[e:]gen | sch[ø:]n | w[ʏ]sste |

| | | | | |
|---|---|---|---|---|
| r[ɛ]tten | G[a:]s | St[a:]l | l[e:]ben | M[ʏ]ll |
| T[u:]r | [ø:]fen | [ɪ]m | S[œ]ckchen | H[ʊ]nd |
| T[y:]p | B[ɛ:]ren | | F[ʏ]ller | T[œ]chter |
| S[o:]len | K[a]mm | d[e:]n | M[ʊ]tter | K[œ]lner |
| T[ɛ:]ler | [ɔ]ffen | M[e:]r | B[e:]t | K[ɛ]lle |

**44 Aussprachespiele**
ISBN 978-3-12-675187-2
Alles Digitale auf **allango.net**

| | | | | |
|---|---|---|---|---|
| S[a:]t | S[o:]n | [i:]m | l[e:]ben | l[e:]gen |
| H[ʊ]nd | f[e:]len | sch[o:]n | K[ɛ]llner |  |
| B[e:]ren | F[ʏ]ller | M[ʏ]tter | K[a:]hn | T[ɛ]ller |
| d[ɛ]nn | l[y:]gen | S[ɛ]ckchen | sch[a:]den | G[a]st |
| V[ɛ:]ter | K[ɛ]lle | m[i:]r | B[ɛ]tt | b[e:]ten |

| | | | | |
|---|---|---|---|---|
| b[i:]ten | L[i:]be | Br[u:]der | [i:]n |  |
| R[u:]m | w[ɛ:]len | B[e:]t | B[y:]ne | S[o:]n |
| St[a:]t | [ø:]fen | w[ʏ]sste | M[e:]r | w[ɛ]cken |
| v[i:]r | W[a:]l | f[y:]len | Schl[ɔ]sser | [ɔ]ffen |
| B[ɛ:]ren | M[ʊ]ll | d[e:]r | R[ʊ]m | L[ɪ]ppe |

| | | | | |
|---|---|---|---|---|
| [œ]ffnen | H[ʏ]tte | d[i:]r | F[e:]der | R[u:]m |
| [ɪ]n | s[ɔ]llen | b[ɪ]tten | T[y:]r | H[u:]hn |
| f[y:]r | T[ɔ]chter | k[a:]m | h[e:]r | M[ʏ]tter |
| T[ɪ]pp | k[ɛ]nnen |  | F[y:]ler | B[ɛ]tten |
| W[a]ld | d[ɛ]nn | Schl[œ]sser | W[ɛ]llen | G[a:]s |

**44 Aussprachespiele**
ISBN 978-3-12-675187-2
Alles Digitale auf **allango.net**

# 3 | Vokal-Domino

**Phonetik-Thema:** Vokalquantität und -qualität

**Mitspieler:**

- 4; es kann in mehreren Gruppen parallel gespielt werden

bis

**Vorbereitung/Material:**

- pro Spielgruppe einen Satz Dominokärtchen (Bilder und Wörter) kopieren und auseinanderschneiden

10 – 20 min
variabel

**Spielverlauf:**

Spielgruppen mit je vier Mitspielern bilden. Die vier Mitspieler teilen die 48 Dominokärtchen (Bilder und Wörter gemischt) so unter sich auf, dass jeder zwölf Kärtchen bekommt. Der erste Mitspieler legt ein Dominokärtchen auf den Tisch und sagt zum Beispiel: „Ich habe ein [a] wie in **A**pfel und ein [i:] wie in *Biene*."

Nun schauen alle Mitspieler auf ihren Kärtchen, ob sie entweder ein Wort mit [a] oder ein Wort mit [i:] finden. Es ist egal, ob es sich dabei um ein Bild oder ein geschriebenes Wort handelt. Wer ein passendes Kärtchen gefunden hat, darf es seitlich anlegen, und sagt dann zum Beispiel: „Ich habe ein [i:] wie in *Igel* und ein [o:] wie in *Vogel*. *Igel* passt zu *Biene*." Er legt das Kärtchen mit dem Wort oder Bild *Igel* an *Biene* an. Dann ist der nächste Mitspieler an der Reihe. Angelegt werden darf immer an beiden freien Seiten der Dominokärtchen. Man darf kein Kärtchen anlegen, ohne dabei zu sprechen. Das Spiel ist zu Ende, wenn keine passende Dominokarte mehr gefunden werden kann.

Gewinner ist, wer am Ende des Spiels die wenigsten Dominokärtchen übrig hat.

**Spielvarianten und weitere Übungsmöglichkeiten:**

- Die Dominokärtchen dürfen auch nach oben und unten angelegt werden (Bilder und Wörter können gleichermaßen verwendet werden).
- Wenn sich keine Dominokarten in der eigenen Gruppe mehr anlegen lassen, kann man es bei einer anderen Gruppe versuchen, wenn die Gruppe zustimmt.
- Man kann nach dem vorliegenden Muster neue Dominospiele zu bestimmten Themen gestalten: Verteilen Sie leere Dominokärtchen, jeder schreibt z.B. zwei Wörter von Dingen darauf, die er mit in den Urlaub nehmen würde. Die Akzentvokale werden markiert. Karten mischen und spielen.
- In Gruppen basteln die Mitspieler ein Dominospiel zu einem bestimmten Thema, dann werden die Spiele zwischen den Gruppen getauscht und es wird gespielt.
- Es kann ein Dominospiel gebastelt werden, auf dem zusätzlich zum Wort die phonetische Umschrift angegeben ist.
- Es kann ein Domino gebastelt werden, auf dem nur die Lautzeichen und/oder Buchstaben stehen. Wörter, die diese Laute/Buchstaben enthalten, können frei gewählt werden. Sie müssen laut gesprochen werden, wenn man das Kärtchen anlegt.
- Mit den Wörtern auf den Kärtchen können Regeln für die Laut-Buchstaben-Beziehungen erklärt werden, z.B. langer Vokal: Doppelvokale (*Boot*), Vokal + h (*Ohr*), ie (*Spiegel*) usw.; kurzer Vokal: Vokal + Doppelkonsonant (*Tasse*), Vokal + ck (*Wecker*) usw.

**Vorbereitung und Korrektur:**

- Die Mitspieler können die Wörter (Hörbeispiel 6), geordnet nach Akzentvokalen, vor dem Spiel hören und nachsprechen.
- Ermuntern Sie die Mitspieler, alle Wörter auf den Dominokärtchen laut vorzulesen und Vokalquantität und -qualität deutlich zu markieren (z.B. mit Gesten, besonders deutlich sprechen).

**Hörbeispiel 06**

**06/1**

**A-Laute**
*kurz:* der Apfel, die Lampe, die Tasse, die Hand
*lang:* die Badewanne, der Bahnhof, das Rad

**06/2**

**I-Laute**
*kurz/ungespannt:* die Birne, der Blitz, das Bild
*lang/gespannt:* der Brief, die Zwiebel, der Igel, der Spiegel

**06/3**

**E-Laute**
*kurz/ungespannt:* das Zelt, der Wecker, das Heft, der Bäcker
*lang/gespannt:* die Erdbeere, die Schere, der Besen, der See
*lang/ungespannt:* das Mädchen, der Bär, der Käse

**06/4**

**O-Laute**
*kurz/ungespannt:* der Knopf, der Rock, der Block
*lang/gespannt:* das Boot, die Zitrone, die Hose, das Ohr

**06/5**

**U-Laute**
*kurz/ungespannt:* der Strumpf, die Wurst, die Puppe
*lang/gespannt:* die Blume, der Schuh, die Uhr, die Bluse

**06/6**

**Ö-Laute**
*kurz/ungespannt:* das Töpfchen, der Löffel, das Söckchen
*lang/gespannt:* das Brötchen, der Löwe

**06/7**

**Ü-Laute**
*kurz/ungespannt:* die Schüssel, die Bürste
*lang/gespannt:* die Tüte, die Hüte

| | | | |
|---|---|---|---|
| Spiegel | Töpfchen | Löwe | Brötchen |
| Rad | Igel | Wurst | Schüssel |
| Tüte | Heft | Boot | Knopf |
| Bild | Löffel | Zitrone | Rock |
| Block | Besen | Strumpf | Wecker |
| Puppe | Hose | Erdbeere | Blume |

**44 Aussprachespiele**
ISBN 978-3-12-675187-2
Alles Digitale auf **allango.net**

| | | | |
|---|---|---|---|
| See | Uhr | Brief | Lampe |
| Söckchen | Bluse | Schuh | Badewanne |
| Käse | Mädchen | Birne | Zelt |
| Ohr | Bär | Schere | Bahnhof |
| Bäcker | Tasse | Blitz | Apfel |
| Hüte | Hand | Bürste | Zwiebel |

**44 Aussprachespiele**
ISBN 978-3-12-675187-2
Alles Digitale auf **allango.net**

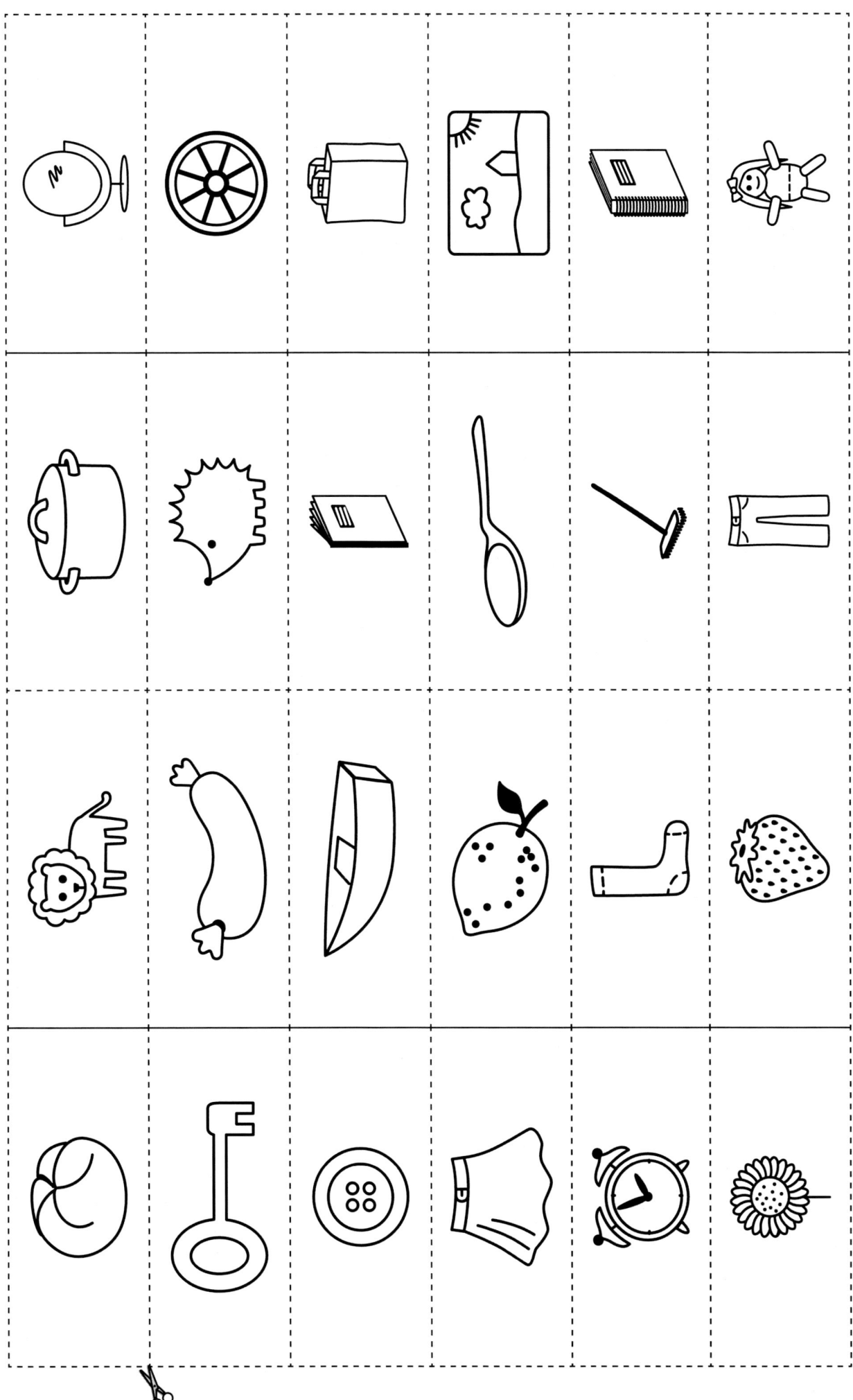

44 Aussprachespiele
ISBN 978-3-12-675187-2
Alles Digitale auf allango.net

Klett

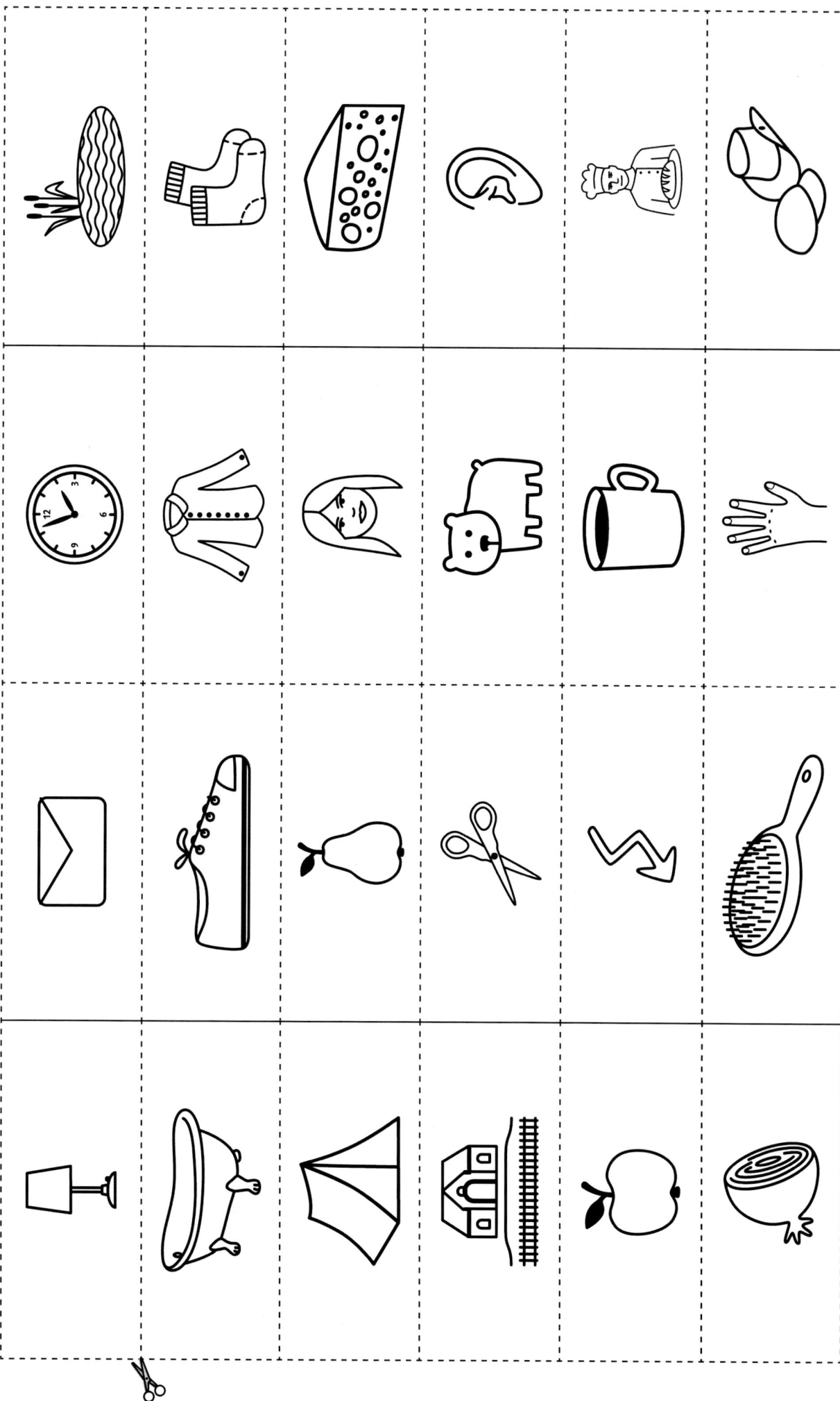

44 Aussprachespiele
ISBN 978-3-12-675187-2
Alles Digitale auf allango.net

Klett

# 4 | Tier-Memory

**Phonetik-Thema:** E-Laute

**Mitspieler:**

- 3; es kann in mehreren Gruppen parallel gespielt werden

**Vorbereitung/Material:**

- pro Spielgruppe einen Satz Memorykarten kopieren und auseinanderschneiden

*
bis
**

10–20 min
variabel

**Spielverlauf:**

Spielgruppen mit je drei Mitspielern bilden. Die 18 Memorykarten werden gut gemischt und mit der Rückseite nach oben ausgelegt (drei Reihen waagerecht, sechs Reihen senkrecht). Nun beginnt der erste Mitspieler und dreht zwei Memorykarten um. Er sagt laut, was man auf diesen Karten sieht, z.B.: „[e:] wie in *Regenwurm* und [e:] wie in *Reh*." Da in diesem Fall zwei gleiche E-Laute aufgedeckt wurden (*Regenwurm*, *Reh*), darf er die Karten behalten und so lange weitere Kärtchen umdrehen, bis er zwei nicht zusammen passende umdreht. Dann ist der nächste Mitspieler an der Reihe. Dreht man zwei Kärtchen mit verschiedenen E-Lauten um (z.B. *Ente* und *Reh*), muss man die Karten wieder umdrehen und der nächste Mitspieler ist an der Reihe. Das Spiel endet, wenn keine Karten mehr auf dem Tisch liegen.
Gewinner ist, wer am Ende des Spiels die meisten Kartenpaare gesammelt hat.

**Spielvarianten und weitere Übungsmöglichkeiten:**

- Man kann nach dem vorliegenden Muster neue Memoryspiele zu bestimmten Themen (z.B. Einkaufen im Kaufhaus/Supermarkt) gestalten: Verteilen Sie leere Memorykärtchen, jeder schreibt ein passendes Wort darauf, die Akzentvokale werden markiert. Karten mischen, auslegen und spielen.
- Es können Memoryspiele zu anderen phonetischen Problemen gestaltet werden (z.B. Fortis-Lenis-Konsonanten, R-Laute, Ich- und Ach-Laut, Wortakzent auf verschiedenen Silben).
- Auf den Memorykärtchen können entweder nur Bilder, Bilder und Wörter, Wörter und phonetische Transkription oder nur Wörter zu sehen sein.
- In Gruppen werden zu einem bestimmten Thema Memoryspiele gebastelt. Dann werden die Spiele zwischen den Gruppen getauscht und es wird gespielt.
- Es werden Steckbriefe für die Tiere entworfen, vorgelesen und das Tier erraten, z.B.: „Mein Tier hat bunte Flügel und liebt Blumen." – „Schmetterling."

**Vorbereitung und Korrektur:**

- Die Mitspieler können die Wörter (Hörbeispiel 7), geordnet nach Akzentvokalen, hören und nachsprechen.
- Ermuntern Sie die Mitspieler, alle Wörter auf den Memorykärtchen laut vorzulesen und die Vokalquantität und -qualität deutlich zu markieren (z.B. mit Gesten, besonders deutlich sprechen).

**Hörbeispiel 07**

| 07/1 | 07/2 | 07/3 |
|---|---|---|
| [ɛ] | [e:] | [ɛ:] |
| die Ente, das Ferkel, die Schnecke, der Schmetterling, das Känguru, das Kätzchen | das Reh, das Pferd, der Esel, das Kamel, der Regenwurm, das Seepferdchen | das Schäfchen, der Schäferhund, das Häschen, die Hähne, der Bär, der Käfer |

Ente [ɛ]    Schmetterling [ɛ]    Känguru [ɛ]

Schnecke [ɛ]    Kätzchen [ɛ]    Ferkel [ɛ]

Schäfchen [ɛ:]    Schäferhund [ɛ:]    Häschen [ɛ:]

Hähne [ɛ:]    Bär [ɛ:]    Käfer [ɛ:]

Kamel [e:]    Reh [e:]    Regenwurm [e:]

Pferd [e:]    Esel [e:]    Seepferdchen [e:]

44 Aussprachespiele
ISBN 978-3-12-675187-2
Alles Digitale auf allango.net

Klett

# 5 | Der richtige Ausgang – Vokallabyrinth

**Phonetik-Thema:** Vokalquantität

**Mitspieler:**

- 3 bis beliebig viele; für größere Gruppen die Anzahl der Wörter erhöhen

**Vorbereitung/Material:**

- pro Mitspieler ein Labyrinth kopieren
- Wörtertafel (Minimalpaare) einmal kopieren und in Wortkärtchen zerschneiden

**Spielverlauf:**

Jeder Mitspieler bekommt ein Labyrinth. Ein Mitspieler zieht drei Wortkärtchen und liest sie nacheinander deutlich vor. Die anderen entscheiden bei jedem Wort, ob es einen kurzen oder langen Akzentvokal hat: Ist der Akzentvokal im 1. Wort lang (z.B. *wen*), nehmen sie den langen Weg auf dem Labyrinth. Ist der Akzentvokal im 2. Wort kurz (z.B. *denn*), nehmen sie den kurzen Weg. Auch beim 3. Wort wählen sie zwischen dem kurzen und langen Weg (z.B. *Mitte* = kurz). Nun rufen alle Mitspieler laut, welches der richtige Ausgang ist, z.B. „Tor E".

Dann darf der nächste Mitspieler vorlesen. Das Spiel ist vorbei, wenn alle Wörter verwendet wurden. Alternativ können die Wörter aber auch mehrmals benutzt werden – dann entscheidet der Spielleiter, wann das Spiel zu Ende ist.

*Möglichkeit 1:* Es gibt keinen Gewinner. Ziel ist der Spaß am Spiel.
*Möglichkeit 2:* Es wird mitgezählt (Strichliste), wie viele richtige Tore jeder Mitspieler erraten hat. Gewonnen hat, wer die meisten richtigen Tore erraten hat.

**Spielvarianten und weitere Übungsmöglichkeiten:**

- Der Spielleiter kann allein die Begriffe auswählen und vorlesen. Ebenso kann ein Mitspieler gewählt werden, der allein alle Begriffe vorliest und kontrolliert, ob alle richtig gehört haben.
- Man kann auch mit beliebigen Wörtern (keine Minimalpaare) spielen: zu einer Vokalklasse (z.B. A-Laute oder E-Laute) oder zu einer Wortart (z.B. Verben: *reden, spielen, rennen, …*) oder zu einem Thema (z.B. Kleidung: *Hose, Rock, Bluse, …*).
- Es können andere phonetische Kontraste geübt werden, z.B. Ich-Laut vs. Ach-Laut. Verändern Sie dazu das Labyrinth (anstelle von *lang* und *kurz* steht dann *Ich-Laut* und *Ach-Laut*) und fertigen Sie neue Wörterkärtchen an (z.B. *Milch, Koch, Töchter, Tochter*).

**Vorbereitung und Korrektur:**

- Die Mitspieler können die Wörter (Hörbeispiel 8) vor dem Spiel im Kontrast *lang* vs. *kurz* hören und nachsprechen.
- Sprechen Sie vor dem Spiel alle Wörter laut vor – die Mitspieler wiederholen im Chor und zeigen mit Gesten, ob der Akzentvokal lang oder kurz ist.
- Wenn ein falsches Tor erreicht wird, sollten Sie die Wörter noch einmal deutlich in der genannten Reihenfolge vorsprechen und gemeinsam den Weg kontrollieren.
- Besonders gut ist es, wenn Mitspieler die Wörter vorlesen – die Korrektur erfolgt dabei automatisch, sobald die anderen Mitspieler um Wiederholung des Wortes bitten.

**08/1**

**A-Laute**
Maße – Masse; kam – Kamm;
Stahl – Stall; Hasen – hassen;
raten –Ratten; Saat – satt;
Staat – Stadt

**08/2**

**E-Laute**
wen – wenn; den – denn;
beten – Betten

**08/3**

**I-Laute**
bieten – bitten; schief – Schiff;
ihn – in; ihnen – innen;
Wiesen – wissen;
Miete – Mitte

**08/4**

**O-Laute**
Ofen – offen; Sohlen – sollen

**08/5**

**U-Laute**
Ruhm – Rum

**08/6**

**Ü-Laute**
Fühler – Füller; fühlen – füllen;
Hüte – Hütte

**08/7**

**Ö-Laute**
Röslein – Rösslein

| | | | | | | | | | |
|---|---|---|---|---|---|---|---|---|---|
| Maße | Masse | kam | Kamm | Stahl | Stall | Hasen | hassen | Raten | Ratten |
| Saat | satt | Staat | Stadt | wen | wenn | den | denn | beten | Betten |
| bieten | bitten | schief | Schiff | ihn | in | ihnen | innen | Wiesen | wissen |
| Miete | Mitte | Ofen | offen | Sohlen | sollen | Ruhm | Rum | Fühler | Füller |
| fühlen | füllen | Hüte | Hütte | Röslein | Rösslein | | | | |

44 Aussprachespiele
ISBN 978-3-12-675187-2
Alles Digitale auf allango.net

# Vokallabyrinth

TOR C — kurz — 3. Wort — lang — 2. Wort — kurz — 3. Wort — lang — TOR A

TOR B — kurz — 3. Wort

3. Wort — lang — TOR D

2. Wort — kurz — 1. Wort

1. Wort — lang — 2. Wort

TOR E — kurz — 3. Wort — kurz — 2. Wort — lang — 3. Wort — kurz — TOR H

3. Wort — lang — TOR F

3. Wort — lang — TOR G

**44 Aussprachespiele**
ISBN 978-3-12-675187-2
Alles Digitale auf **allango.net**

Klett

# 6 | Konsonanten-Labyrinth

**Phonetik-Thema:** Konsonanten [ç – x] [s – ʃ] [b – v] [ç – ʃ] [ʁ – h] [b – p] [g – k]

**Mitspieler:**

- 3 bis beliebig viele; es kann in mehreren Gruppen parallel gespielt werden

**Vorbereitung/Material:**

- pro Mitspieler ein Labyrinth in Variante 1 oder 2 kopieren
- für den Spielleiter das entsprechende Spielleiter-Labyrinth kopieren

10 – 30 min
variabel

**Spielverlauf:**

Jeder bekommt ein Labyrinth (Variante 1 oder 2), der Spielleiter hat das passende Labyrinth vor sich (Spielleiter-Labyrinth 1 oder 2). Er erklärt das Spiel anhand eines Beispiels. Dann entscheidet der Spielleiter, welche drei Wörter er von seinem Labyrinth nacheinander vorliest – d.h. er muss jedes Mal eins von zwei möglichen Wörtern auswählen. Die Mitspieler entscheiden, welchen der alternativen Laute das Wort enthält – bei Variante 1, ob das Wort einen Ich- oder Ach-Laut enthält, z.B. *Mädchen* = [ç]. Von da aus geht der Weg weiter, z.B. *Kuchen* = [x] und zum Schluss *Päckchen* = [ç].

Nun bittet der Spielleiter einen Mitspieler, das Bild am Ende zu beschreiben (z.B. „Auf dem Bild sehe ich ein *Mädchen*, einen *Kuchen*, ein *Päckchen* und einen *Teppich*.") Alle achten darauf, dass die Konsonanten (hier Ich- und Ach-Laute) richtig gesprochen sind. Danach wird mit den nächsten drei Wörtern genauso weiter geübt.

→ Wichtig: Auf jedem Bild ist zusätzlich zu den Abbildungen der vorgesprochenen Begriffe noch ein weiterer Gegenstand (grau hinterlegt) zu sehen. Dieser muss ebenfalls bei der Bildbeschreibung genannt werden.

*Möglichkeit 1:* Es gibt keinen Gewinner. Ziel ist der Spaß am Spiel.
*Möglichkeit 2:* Es werden Mannschaften mit mehreren Mitspielern gebildet. Das Spiel wird in vier Spielrunden gespielt. Aus jeder Gruppe darf abwechselnd ein Mitspieler das Bild beschreiben. Gewonnen hat die Gruppe, in der die richtigen Bilder beschrieben und alle Konsonanten in den Wörtern richtig gesprochen wurden. Der Spielleiter kontrolliert, ob alles richtig war.

**Spielvarianten und weitere Übungsmöglichkeiten:**

- Als Spielleiter kann auch ein Mitspieler gewählt werden, der die Wörter vorliest und kontrolliert, ob alle richtig gehört haben.
- Die Mitspieler können nach dem Muster ein eigenes Labyrinth mit Wörtern und (selbst gemalten oder ausgeschnittenen und aufgeklebten) Bildern gestalten und damit üben.
- Zu jedem erreichten Bild kann man noch eine Geschichte erzählen, in der die genannten Wörter vorkommen.

**Vorbereitung und Korrektur:**

- Die Mitspieler können die Wörter (Hörbeispiele 9 und 10) vor dem Spiel im Kontrast hören und (im Chor) nachsprechen.
- Wenn im Spiel ein falsches Bild erreicht und beschrieben wurde, sprechen Sie die Wörter noch einmal deutlich in der genannten Reihenfolge vor und kontrollieren Sie mit den Mitspielern den Weg.
- Besonders gut ist es, wenn Mitspieler die Wörter vorlesen – die Korrektur erfolgt dabei automatisch, sobald die anderen um Wiederholung des Wortes bitten.

**Hörbeispiele 09 und 10**

**09**

**Ich-Laute und Ach-Laute**

*Ich-Laut:* Milch, Mädchen, Brötchen, Becher, Köchin, Kirche, Teppich, Päckchen, Leuchtturm, Streichhölzer

*Ach-Laut:* Acht, Dach, Koch, Buch, Kuchen, Handtuch, Halstuch, Hochhaus, Buchstaben, Lautsprecher, Weihnachtsmann

**10**

**Konsonantenpaare (Minimalpaare)**

Garten – Karten; Gebäck – Gepäck; Bass – Pass; Ende – Ente; Band – Wand; Bein – Wein; Bürste – Würste; Tasse – Tasche; Kirche – Kirsche; Rose – Hose; Brot – Boot; Brett – Bett; Torte – Tochter; Katzen – kratzen

# Spielleiter-Labyrinth (Variante 1: Ich-Laute und Ach-Laute)

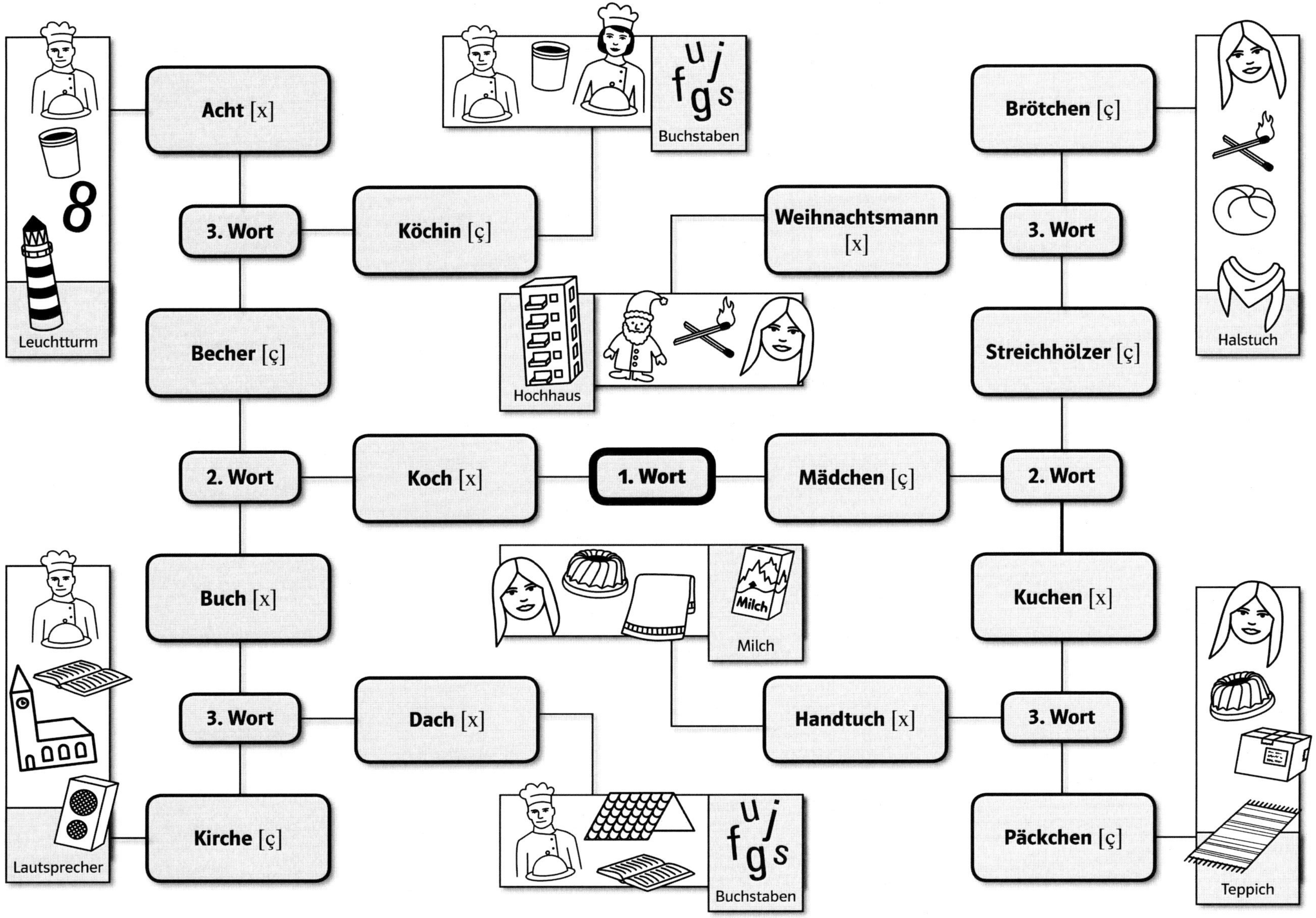

Halstuch

Teppich

Brötchen [ç]

3. Wort

Streichhölzer [ç]

2. Wort

Kuchen [x]

3. Wort

Päckchen [ç]

Weihnachtsmann [x]

Mädchen [ç]

Handtuch [x]

Buchstaben

Buchstaben

Milch

1. Wort

Hochhaus

Köchin [ç]

Koch [x]

Dach [x]

Acht [x]

3. Wort

Becher [ç]

2. Wort

Buch [x]

3. Wort

Kirche [ç]

Leuchtturm

Lautsprecher

**44 Aussprachespiele**
ISBN 978-3-12-675187-2
Alles Digitale auf **allango.net**

# Spielleiter-Labyrinth (Variante 2: Konsonantenpaare)

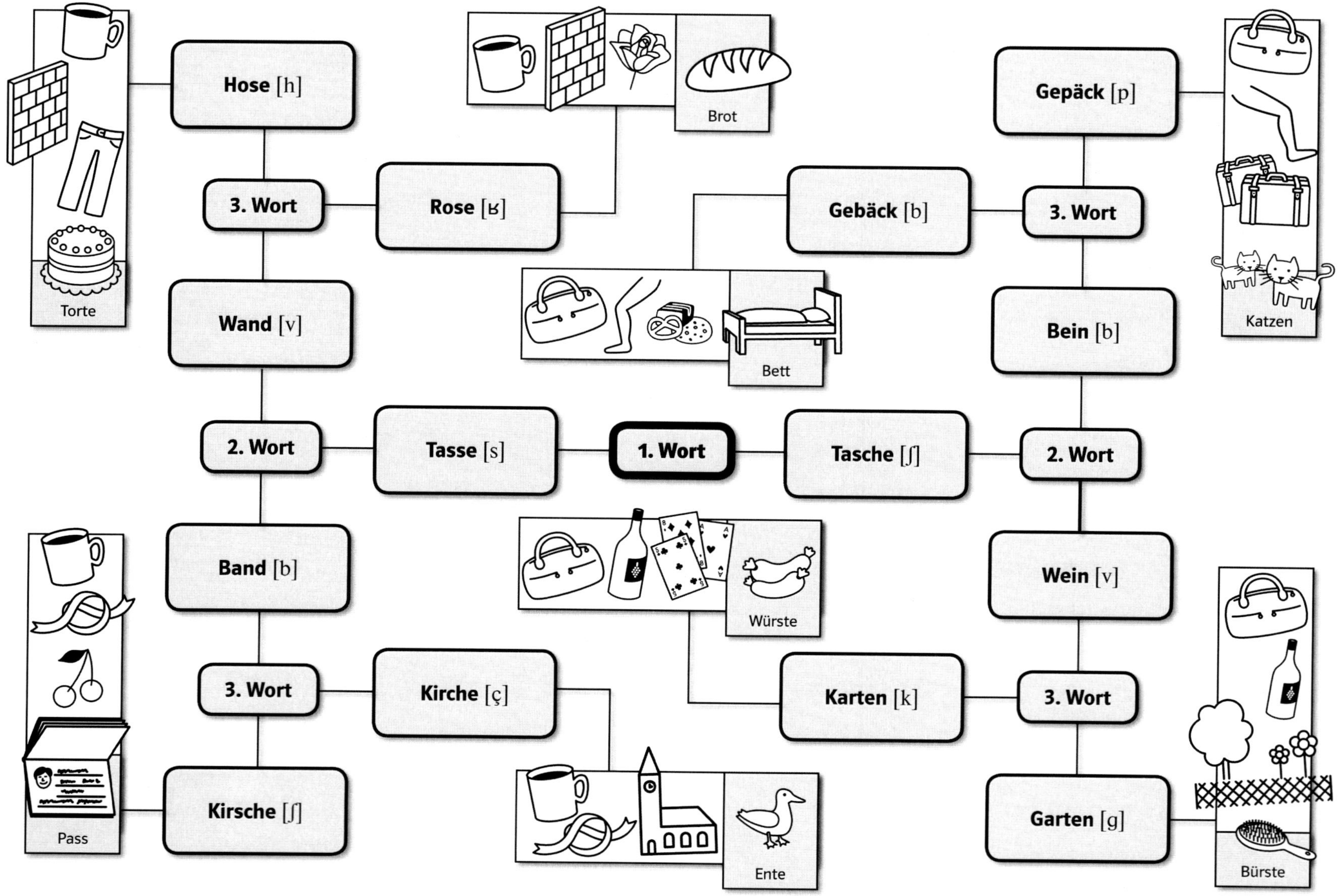

Katzen

Bürste

Gepäck [p]

3. Wort

Bein [b]

2. Wort

Wein [v]

3. Wort

Garten [g]

Gebäck [b]

Tasche [ʃ]

Karten [k]

Brot

Bett

Würste

Ente

1. Wort

Rose [ʀ]

Tasse [s]

Kirche [ç]

Hose [h]

3. Wort

Wand [v]

2. Wort

Band [b]

3. Wort

Kirsche [ʃ]

Torte

Pass

44 Aussprachespiele
ISBN 978-3-12-675187-2
Alles Digitale auf allango.net

# Labyrinth (Variante 1: Ich-Laute und Ach-Laute)

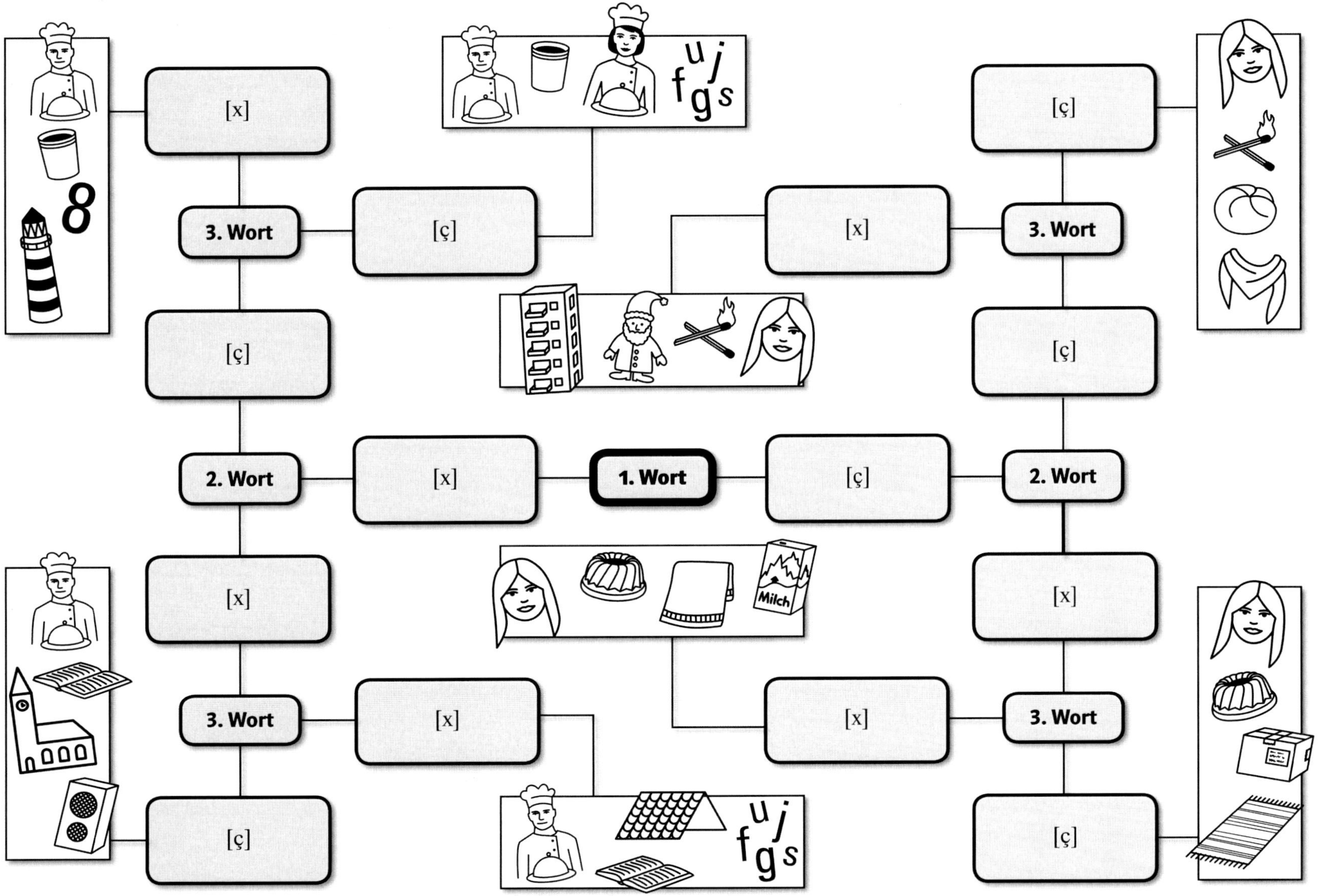

# Labyrinth (Variante 2: Konsonantenpaare)

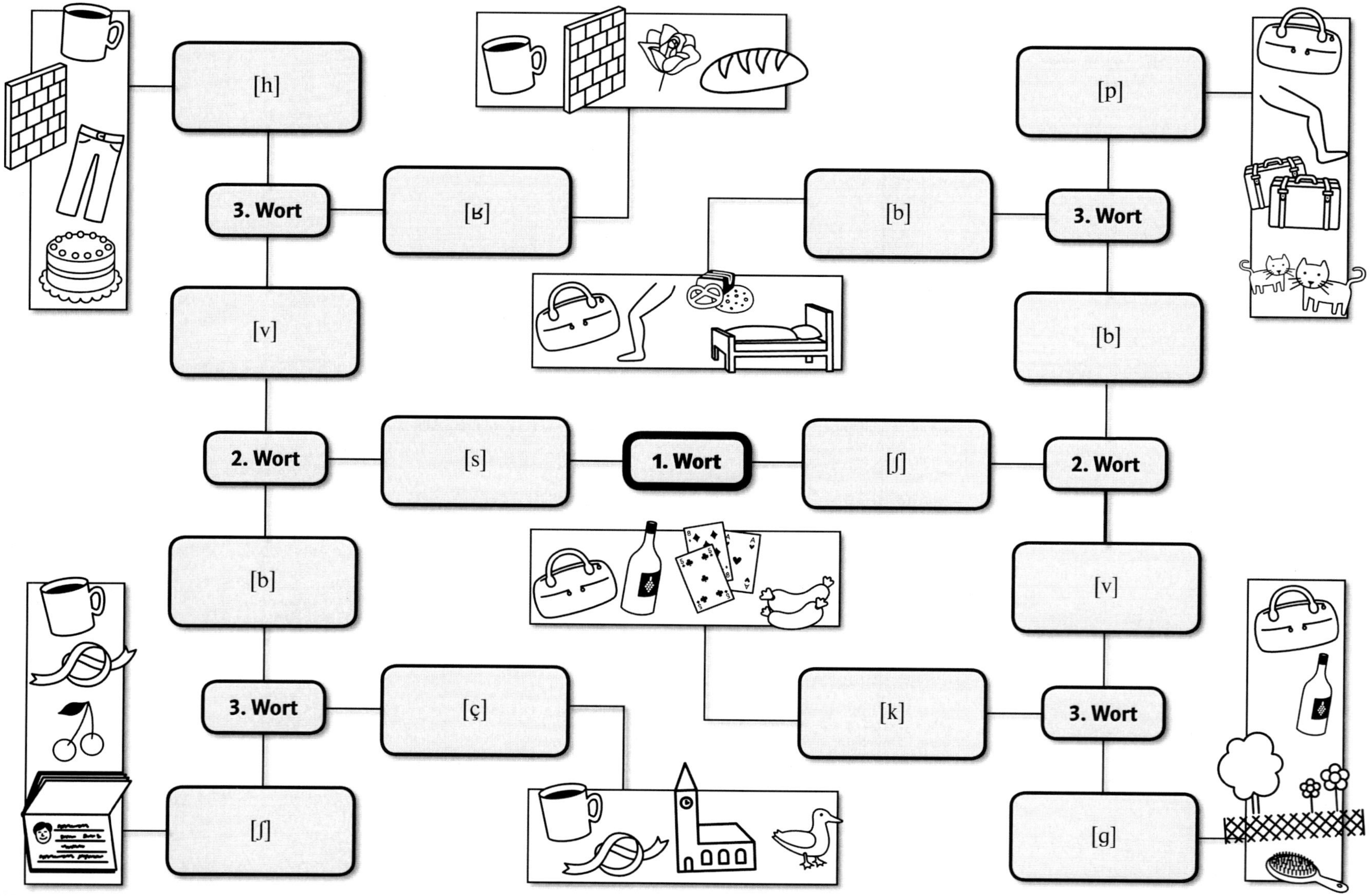

[p] — 3. Wort — [b] — 2. Wort — [v] — 3. Wort — [g]

[b] [ʃ] [k]

1. Wort

[ʀ] [s] [ç]

[h] — 3. Wort — [v] — 2. Wort — [b] — 3. Wort — [ʃ]

**44 Aussprachespiele**
ISBN 978-3-12-675187-2
Alles Digitale auf **allango.net**

# 7 | Akzent-Pyramide – Wie viel kostet das?

**Phonetik-Thema:** Wortakzentuierung, Rhythmus

**Mitspieler:**

- 4 bis 16; es kann in mehreren Gruppen parallel gespielt werden

**Vorbereitung/Material:**

- pro Mitspieler eine Akzentpyramide kopieren
- Wörtertafel einmal kopieren und in Wortkärtchen zerschneiden

20 – 30 min
variabel

**Spielverlauf:**

Jeder Mitspieler bekommt eine Pyramide. Der Spielleiter liest jeweils drei Wörter von den Wortkärtchen (Obst und Gemüse) nacheinander vor. Er sagt z.B.: „Ich kaufe *Ban**a**nen, **Ä**pfel* und ***E**rdbeeren*." Die Mitspieler entscheiden bei jedem Wort, ob es auf der ersten, zweiten oder dritten Silbe betont ist, und bahnen sich so ihrem Weg in der Pyramide. Nach dem dritten Wort lesen sie vom Preisschild ab, wie viel der Einkauf kostet.

**Beispiel:** 1. Wort: *Ban**a**nen* = 2. Silbe betont; 2. Wort: ***Ä**pfel* = 1. Silbe betont; 3. Wort: ***E**rdbeeren* = 1. Silbe betont → Der Einkauf kostet 6 Euro 78.

*Möglichkeit 1:* Es gibt keinen Gewinner. Ziel ist der Spaß am Spiel.
*Möglichkeit 2:* Es wird mitgezählt (Strichliste), wie viele richtige Preise jeder erraten hat. Gewonnen hat, wer die meisten richtigen Preise erraten hat.

**Spielvarianten und weitere Übungsmöglichkeiten:**

- Der erste Mitspieler darf drei Kärtchen ziehen und liest die Wörter vor. Nachdem die Aufgabe gelöst ist, darf er einen Mitspieler aufrufen, der wiederum drei Kärtchen zieht usw.
- Es können andere Dinge eingekauft werden (Lebensmittel, Kleidungsstücke, etc.), dazu müssen weitere Wortkärtchen angefertigt werden.
- Man legt vorher fest, dass nur Dinge eingekauft werden, die auf der ersten oder zweiten oder dritten Silbe betont werden.
- Es wird, wenn möglich, die Singularform gebildet und der Artikel genannt.
- Es werden mehrere (ca. 10) Wörter von der Wörtertafel oder andere geeignete Wörter vorgelesen – die Mitspieler notieren anschließend aus dem Gedächtnis. Wer die meisten richtig hat, hat gewonnen.

**Vorbereitung und Korrektur:**

- Die Mitspieler hören vor dem Spiel die Wörter (Hörbeispiel 11) und sprechen sie nach, dabei wird mit Gesten die betonte Silbe angezeigt.
- Wenn der falsche Preis genannt wird, sprechen Sie die Wörter noch einmal deutlich in der genannten Reihenfolge vor und kontrollieren Sie mit den Mitspielern den Weg.
- Ermuntern Sie die Mitspieler, die betonte Silbe besonders laut und deutlich zu sprechen und mit Gesten zu begleiten (Klatschen, Klopfen etc.).

**Hörbeispiel 11**

| 11/1 | 11/2 | 11/3 |
|---|---|---|
| **1. Silbe betont** | **2. Silbe betont** | **3. Silbe betont** |
| Gurken, Kirschen, Erbsen, Birnen, Zwiebeln, Äpfel, Bohnen, Paprika, Erdbeeren, Himbeeren, Weintrauben, Brombeeren, Pfirsiche, Ananas, Walnüsse, Heidelbeeren, Haselnüsse | Salat, Bananen, Zitronen, Melone, Oliven, Tomaten, Radieschen, Kartoffeln | Mandarinen, Apfelsinen, Aprikosen |

| | | | |
|---|---|---|---|
| Bananen | Apfelsinen | Gurken | Birnen |
| Ananas | Walnüsse | Tomaten | Zwiebeln |
| Mandarinen | Heidelbeeren | Haselnüsse | Aprikosen |
| Zitronen | Pfirsiche | Paprika | Himbeeren |
| Kirschen | Oliven | Erbsen | Äpfel |
| Melone | Erdbeeren | Radieschen | Weintrauben |
| Brombeeren | Kartoffeln | Salat | Bohnen |

**44 Aussprachespiele**
ISBN 978-3-12-675187-2
Alles Digitale auf **allango.net**

# Akzentpyramide

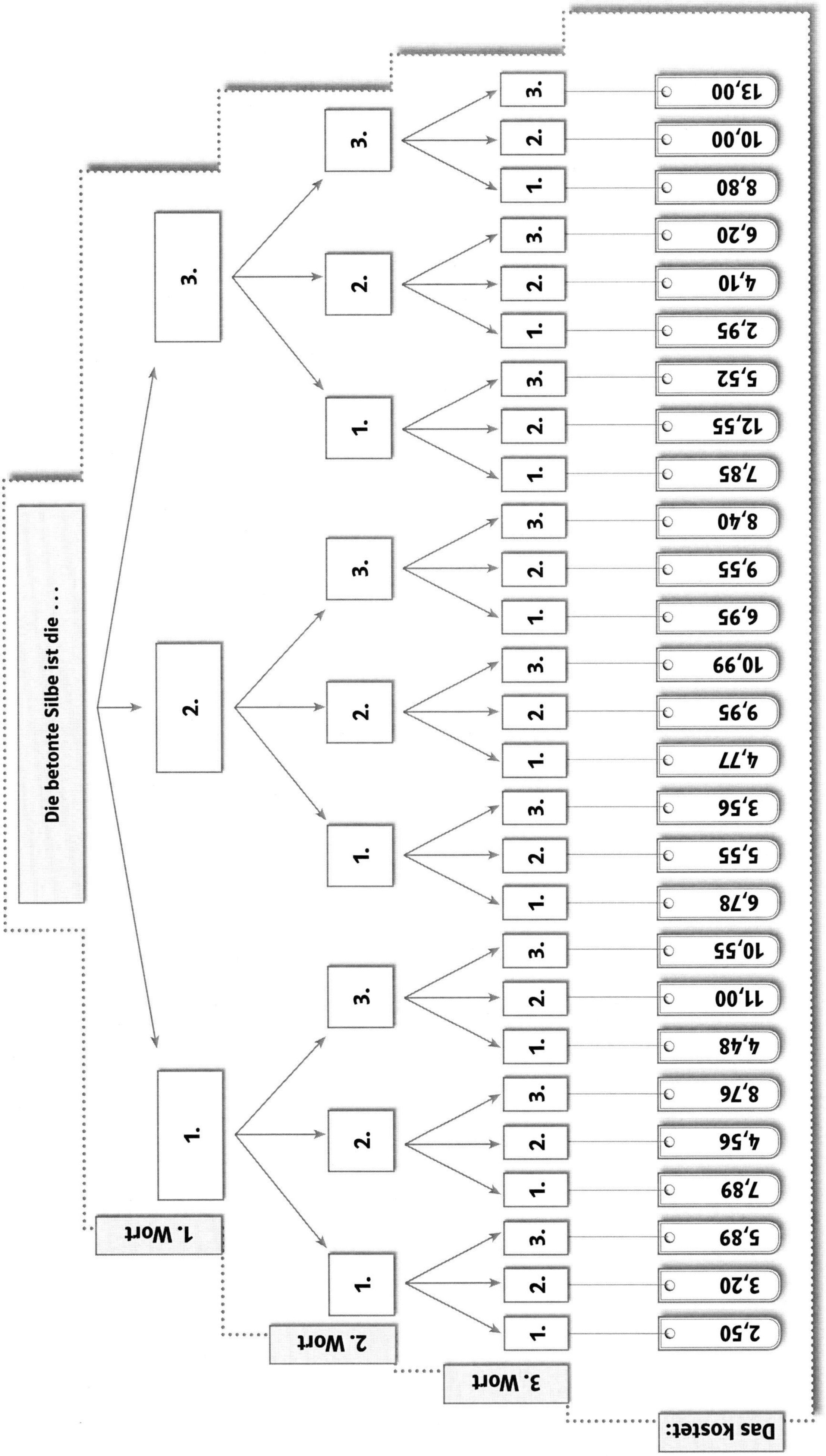

**Die betonte Silbe ist die ...**

**1. Wort**

**2. Wort**

**3. Wort**

**Das kostet:**

1.
- 1.
  - 1. — 7,89
  - 2. — 4,56
  - 3. — 8,76
- 2.
  - 1. — 4,48
  - 2. — 11,00
  - 3. — 10,55
- 3.
  - 1. — 2,50
  - 2. — 3,20
  - 3. — 5,89

2.
- 1.
  - 1. — 6,78
  - 2. — 5,55
  - 3. — 3,56
- 2.
  - 1. — 4,77
  - 2. — 9,95
  - 3. — 10,99
- 3.
  - 1. — 6,95
  - 2. — 9,55
  - 3. — 8,40

3.
- 1.
  - 1. — 7,85
  - 2. — 12,55
  - 3. — 5,52
- 2.
  - 1. — 2,95
  - 2. — 4,10
  - 3. — 6,20
- 3.
  - 1. — 8,80
  - 2. — 10,00
  - 3. — 13,00

**44 Aussprachespiele**
ISBN 978-3-12-675187-2
Alles Digitale auf **allango.net**

# 8 | Lücken im Wort

**5 – 10 min**

**Phonetik-Thema:** Laut-Buchstaben-Beziehungen

**Mitspieler:**

- 3 bis 5; es kann in mehreren Gruppen parallel gespielt werden

**Vorbereitung/Material:**

- Wörtertafeln kopieren und in Wortkärtchen zerschneiden
- alternativ: eigene Wortkärtchen basteln

**Spielverlauf:**

Die Wortkärtchen liegen verdeckt auf einem Stapel. Ein Mitspieler zieht ein Kärtchen und legt es für alle sichtbar auf den Tisch. Er versucht, ein sinnvolles Wort zu finden und mit Artikel auszusprechen, indem er fehlende Buchstaben ergänzt. Wenn er ein Wort findet und richtig spricht, darf er die Karte behalten, der nächste Mitspieler ist an der Reihe. Wenn nicht, wird die Karte an den linken Nachbarn weitergegeben. Dieser versucht nun, ein passendes Wort zu finden und darf dann eine weitere Karte von Stapel nehmen.

*Möglichkeit 1:* Wer die meisten Kärtchen hat, hat gewonnen.
*Möglichkeit 2:* Spaß am Spielen ohne Gewinner! Nachdem ein passendes Wort gefunden wurde, wird das Kärtchen wieder unter den Stapel gelegt.

**Spielvarianten und weitere Übungsmöglichkeiten:**

- Man kann mehrere Wörter zu einem Kärtchen finden, dann gibt es Punkte für jedes gefundene Wort.
- Alle Kärtchen liegen aufgedeckt nebeneinander auf dem Tisch oder werden in gleicher Zahl an die Mitspieler verteilt. Es werden nacheinander Wörter abgespielt, wer das passende Kärtchen zuerst findet, darf es vor sich ablegen.
- Es können mehrere Kartensätze hergestellt werden und bestimmte Vokale und Konsonanten ergänzt werden (z. B. nur E- und I-Laute).
- Die Mitspieler stellen in Gruppen selbst ein Spiel her (z.B. zum Thema Urlaub) und spielen es.
- Die Mitspieler sprechen zusammenhängend über die eigene Familie oder die Wohnung und verwenden dabei die Wörter von den Kärtchen.

**Vorbereitung und Korrektur:**

- Die Mitspieler können die Wörter (Hörbeispiel 12) vor und/oder nach dem Spiel hören und nachsprechen.

**Hörbeispiel 12**

**12/1**

die Mutter, der Vater, die Eltern,
die Tochter, der Sohn, die Söhne,
die Schwester, der Bruder, die Oma,
der Opa, die Tante, der Onkel, die Nichte,
der Neffe, das Mädchen, der Junge,
das Kind, die Frau, der Mann, der Herr,
der Freund, die Freundin, der Partner,
der Nachbar, der Besuch

**12/2**

die Stadt, das Dorf, die Straße, der Platz,
das Zentrum, die Adresse

**12/3**

das Haus, das Gebäude, die Wohnung,
der Balkon, der Raum, die Räume,
das Zimmer, die Küche, das Bad,

die Dusche, die Möbel, der Schrank,
die Schränke, das Regal, der Sessel,
der Stuhl, die Stühle, das Sofa, die Bank,
die Bänke, der Teppich, das Telefon,
das Bild, der Spiegel, die Lampe, die Tür,
der Schlüssel, die Treppe, die Stufe,
die Stufen, der Keller, das Dach, der Stock,
das Fenster, die Klingel, die Miete,
der Garten, der Hof

# Wörtertafel Vokale (Familie, Wohnen)

| | | | | | | |
|---|---|---|---|---|---|---|
| L_mpe | D_ch | M_nn | Reg_l | Str_ße | V_ter | Br_der |
| N_chbar | G_rten | P_rtner | Schr_nk | St_dt | Pl_tz | T_nte |
| H_rr | Schw_ster | _nkel | N_ffe | M_dchen | T_lefon | B_nk |
| T_ppich | Z_ntrum | _ltern | F_nster | S_ssel | Schr_nke | B_nke |
| N_chte | K_nd | M_te | Sp__gel | Adr_sse | K_ller | Tr_ppe |
| S_fa | _pa | _ma | S_n | Z_mmer | B_ld | Kl_ngel |
| D_rf | Balk_n | W_nung | St_ck | T_chter | _nkel | H_f |
| M_tter | Br_der | St_fen | St_fe | D_sche | Bes_ch | St__l |
| Schl_ssel | T_r | St__le | K_che | S__ne | M_bel | J_nge |
| Fr___ndin | Fr__nd | Geb__de | R__me | R__m | H__s | Fr___ |

**44 Aussprachespiele**
ISBN 978-3-12-675187-2
Alles Digitale auf **allango.net**

# Wörtertafel Konsonaten (Familie, Wohnen)

| | | | | | | |
|---|---|---|---|---|---|---|
| _ampe | _ach | _ann | _egal | _aße | _ater | _ad |
| _achbar | _arten | _artner | _rank | _adt | _atz | _ante |
| _err | __wester | O_kel | _effe | _ädchen | _elefon | _ank |
| _eppich | _entrum | E_tern | _enster | Se__el | _ränke | _änke |
| _ichte | Ki__ | _iete | _iegel | A__esse | _eller | _eppe |
| _ofa | O_a | O_a | _ohn | _immer | _ild | Kli__el |
| Do__ | Bal_on | _ohnung | _ock | _ochter | O__el | _of |
| _utter | _uder | Stu_en | _ufe | _usche | Be_uch | _uhl |
| Schlü__el | _ür | _ühle | _üche | _öhne | _öbel | _unge |
| _eundin | _eund | Ge_äude | _äume | _aum | _aus | _rau |

44 Aussprachespiele
ISBN 978-3-12-675187-2
Alles Digitale auf allango.net

# 9 | Wörter im Wort

**Phonetik-Thema:** Laut-Buchstaben-Beziehungen

**Mitspieler:**
- 3 Mitspieler pro Spielgruppe, es wird in mehreren Gruppen parallel gespielt

**Vorbereitung/Material:** –

**Spielverlauf:**
An die Tafel wird ein längeres Wort geschrieben, z.B. *Briefkasten, Übersetzung,* …
Die Gruppen haben die Aufgabe, in einer vorgegebenen Zeit (ca. 3–5 Minuten) aus den Buchstaben dieses Wortes neue Wörter zu konstruieren (z.B. aus *Briefkasten: Brief, Kasten, er, es, sie, Bier, Brei, frei, fast, Ast,* …). Es dürfen keine Buchstaben hinzugefügt werden und die vorhandenen dürfen nur so oft genutzt werden, wie sie im Wort vorkommen. Nach Ablauf der Spielzeit werden die gefundenen Wörter vorgelesen (Nomen mit Artikel).

*Möglichkeit 1:* Die Gruppe, die die meisten Wörter gefunden und richtig vorgelesen hat, hat gewonnen.
*Möglichkeit 2:* Spaß am Spielen ohne Gewinner!

**Spielvarianten und weitere Übungsmöglichkeiten:**
- Sie können Wörter auswählen, die bestimmte Problemlaute enthalten (z.B. Ö-, Ü-Laute). Diese Laute werden dann auch in den gefundenen Wörtern vorkommen.
- Sie können auch mehrere Wörter an die Tafel schreiben und einige darin enthaltene Wörter nennen – die Mitspieler müssen erkennen, aus welchem Wort sie stammen.
- Es kann über ein Thema gesprochen werden und die Mitspieler verwenden die vorgegebenen Wörter.

**Vorbereitung und Korrektur:**
- In den Ausgangswörtern und in den gefundenen Wörtern kann die Vokallänge der Akzentvokale und der Wortakzent markiert werden.

*
bis
* *

5–10 min

# 10 | Wörter basteln

**Phonetik-Thema:** Wortakzentuierung in trennbar zusammengesetzten Verben

**Mitspieler:**

- 3 bis 5; es kann in mehreren Gruppen parallel gespielt werden

**Vorbereitung/Material:**

- für jede Gruppe beide Wörtertafeln (Grundwörter und Präfixe) kopieren und in Wortkärtchen zerschneiden
- alternativ: eigene Wortkärtchen basteln

**Spielverlauf:**

Die Kärtchen mit den Grundwörtern liegen aufgedeckt und unsortiert auf dem Tisch, die Präfix-Kärtchen liegen verdeckt auf einem Stapel. Ein Mitspieler zieht vom Stapel ein Präfix-Kärtchen und legt es für alle sichtbar auf den Tisch. Er versucht, ein Grundwort-Kärtchen mit dem Präfix zu einem sinnvollen Wort zu verbinden. Wenn er ein Wort findet, spricht er es allein (Akzent auf dem Stamm) und dann in der Verbindung mit dem Präfix (Akzent auf dem Präfix). Er darf die Grundwort-Karte behalten, der nächste Mitspieler ist an der Reihe. Das Präfix-Kärtchen kommt unter den Stapel. Wenn nicht, legt er die Grundwort-Karte wieder auf den Tisch.

*Möglichkeit 1:* Wer die meisten Kärtchen hat, hat gewonnen.
*Möglichkeit 2:* Spaß am Spielen ohne Gewinner!

**Spielvarianten und weitere Übungsmöglichkeiten:**

- Die Grundwort-Kärtchen liegen verdeckt auf einem Stapel und die Präfix-Kärtchen aufgedeckt auf dem Tisch. Es muss ein Grundwort-Kärtchen gezogen und ein passendes Präfix-Kärtchen gesucht werden.
- Alle Kärtchen liegen aufgedeckt nebeneinander auf dem Tisch oder werden in gleicher Zahl an die Mitspieler verteilt. Die Wörter (Hörbeispiel 13) werden nacheinander abgespielt. Wer die passenden Kärtchen zuerst zusammensetzt, darf das gefundene Wort vor sich auf den Tisch legen.

**Vorbereitung und Korrektur:**

- Die Mitspieler hören vor dem Spiel die Wörter (Hörbeispiel 13) und sprechen sie mehrmals nach.
- Die Wörter können auch für eine Diktatübung verwendet werden.
- Unbekannter Wortschatz sollte vor dem Spiel eingeführt werden. Falls weitere – unübliche oder unbekannte – Wörter gebildet werden, können diese nach dem Spiel oder in einer anderen Unterrichtsstunde (Hausaufgabe: Wörter im Wörterbuch suchen) erklärt werden.
- Achtung: Es sind mehr Kombinationen möglich als im Hörbeispiel angegeben.

**Hörbeispiel 13**

---

**13/1**

abfahren, abgeben, abfliegen, abholen, abschreiben, anfangen, ankommen, anmelden, anrufen, ansehen, anziehen, aufheben, aufhören, aufmachen, aufpassen, aufräumen, aufschreiben, ausfüllen, auspacken, ausrechnen, aussehen, aussuchen, einkaufen, einladen, einpacken, einschlafen, einsteigen, einziehen, missverstehen

**13/2**

mitarbeiten, mitfahren, mitnehmen, mitteilen, nachdenken, nachfragen, nachschlagen, vorhaben, vorkommen, vorschlagen, vorziehen, zuhören, zumachen, zunehmen, zuschauen, zurückgeben, zurückfahren, zusammenarbeiten, zusammenhängen, zusammenkommen, zusammenfassen

# Grundwort-Kärtchen

| schreiben | sehen | passen | rechnen | packen | arbeiten | fragen | ziehen | geben | fassen |
| holen | rufen | machen | packen | laden | verstehen | denken | schlagen | schauen | kommen |
| fliegen | melden | hören | füllen | kaufen | ziehen | teilen | kommen | nehmen | hängen |
| geben | kommen | heben | schreiben | suchen | steigen | nehmen | haben | machen | arbeiten |
| fahren | fangen | ziehen | räumen | sehen | schlafen | fahren | schlagen | hören | fahren |

**44 Aussprachespiele**
ISBN 978-3-12-675187-2
Alles Digitale auf **allango.net**

# Präfix-Kärtchen

| | | | | |
|---|---|---|---|---|
| ab | ab | ab | ab | ab |
| an | an | an | an | an |
| auf | auf | auf | auf | an |
| aus | aus | aus | auf | auf |
| ein | ein | ein | aus | aus |
| mit | miss | ein | ein | ein |
| nach | nach | mit | mit | mit |
| vor | vor | vor | vor | nach |
| zurück | zu | zu | zu | zu |
| zusammen | zusammen | zusammen | zusammen | zurück |

**44 Aussprachespiele**
ISBN 978-3-12-675187-2
Alles Digitale auf **allango.net**

# 11 | Von 1 bis 100

**Phonetik-Thema:** Wortakzentuierung, emotionale Sprechweise

**Mitspieler:**
- 3 bis beliebig viele; es kann in mehreren Gruppen parallel gespielt werden

**Vorbereitung/Material:**
- Sprechanweisungen kopieren und auseinanderschneiden
- Stoppuhr

**Spielverlauf:**
Die Mitspieler stehen im Kreis und zählen von 1 bis 100. Der Spielleiter nimmt zu Beginn und dann immer nach genau einer Minute eine Sprechanweisung vom Stapel und liest sie vor. Das Kärtchen wird dann zurück in den Stapel gesteckt. Die Anweisung muss von den Mitspielern beim Zählen in Sprechweise und auch in Mimik und Gestik umgesetzt werden. Wenn ein Mitspieler das nicht macht oder wenn die 100 erreicht ist, wird von vorn begonnen.

**Spielvarianten und weitere Übungsmöglichkeiten:**
- Es kann in mehreren Kleingruppen (3 bis 4 Mitspieler) parallel gespielt werden.
- Wenn einzelne Sprechanweisungen zu schwierig sind, können diese weggelassen werden.
- Man kann nur jede zweite Zahl aussprechen, also *1, 3, 5, 7, …* bzw. *2, 4, 6, …* oder es wird jede 3. (oder 5.) Zahl ausgelassen. Es kann auch vereinbart werden, dass z.B. „die böse Sieben" und ihre Vielfachen ausgelassen werden.
- Eine weitere Möglichkeit ist, dass ungesteuert ein beliebiger Mitspieler eine Zahl spricht, dann ein anderer Mitspieler. Wenn zwei oder mehr Mitspieler gleichzeitig sprechen, geht es von vorn los.
- Die Zahlen können in thematischen Wortgruppen (z.B. *eine Jacke, zwei Schuhe, drei Hemden …*) verwendet und nach Sprechanweisung gesprochen werden.
- Man kann „Kofferpacken" spielen – jeder „Koffer" (d.h. jede Spielvariante) hat eine eigene Sprechanweisung, eingepackt werden beliebige Zahlen: „Ich packe in meinen Koffer eine 10. Ich packe in meinen Koffer eine 10 und eine 97." usw.

**Vorbereitung und Korrektur:**
- Lassen Sie die Mitspieler die Zahlen (Hörbeispiel 14) vor dem Spiel hören und nachsprechen.
- Ermuntern Sie die Mitspieler, sehr expressiv zu sprechen und den ganzen Körper mit einzusetzen (Körperhaltung, Bewegung, Mimik, Gestik usw.).

**Hörbeispiel 14**

**14/1**

*laut:* 1, 2, 3, 4, 5
*leise:* 6, 7, 8, 9, 10
*hoch:* 11, 12, 13, 14, 15
*tief:* 16, 17, 18, 19, 20
*langsam:* 21, 22, 23, 24, 25
*schnell:* 26, 27, 28, 29, 30

**14/2**

*sehr deutlich:* 31, 32, 33, 34, 35
*undeutlich:* 36, 37, 38, 39, 40
*erfreut:* 41, 42, 43, 44, 45
*böse:* 46, 47, 48, 49, 50
*erstaunt:* 51, 52, 53, 54, 55
*geheimnisvoll:* 56, 57, 58, 59, 60

**14/3**

*aufgeregt:* 61, 62, 63, 64, 65
*fröhlich:* 66, 67, 68, 69, 70
*schimpfend:* 71, 72, 73, 74, 75
*traurig:* 76, 77, 78, 79, 80

**14/4**

*müde:* 81, 82, 83, 84, 85
*flüsternd:* 86, 87, 88, 89, 90
*jede Silbe einzeln:* 91, 92, 93, 94, 95
*monoton:* 96, 97, 98, 99, 100

| | |
|---|---|
| laut | leise |
| langsam | schnell |
| hoch | tief |
| sehr deutlich | undeutlich |
| erfreut | böse |
| erstaunt | geheimnisvoll |
| aufgeregt | fröhlich |
| schimpfend | traurig |
| müde | flüsternd |
| jede Silbe einzeln | monoton |

# 12 | P-Pusteball

**Phonetik-Thema:** Fortis-Plosiv [p] (Konsonantenspannung, Aspiration)

**Mitspieler:**

- 7 (2 Mannschaften à 3 Mitspieler + 1 Schiedsrichter); es kann in mehreren Gruppen parallel gespielt werden

**Vorbereitung/Material:**

- pro Gruppe eine Wörtertafel kopieren und in Wortkärtchen zerschneiden
- auf einer längeren, rechteckigen Tischplatte in der Mitte mit Kreide eine Linie zeichnen oder ein Band in die Mitte legen (s. Abbildung unten)
- je ein Wattebällchen pro Mitspieler
- evtl. eine Trillerpfeife für den Schiedsrichter

**Spielverlauf:**

Es werden zwei Mannschaften mit je 3 Mitspielern gebildet und ein Schiedsrichter gewählt. Jeder Mitspieler zieht zwei Wortkärtchen und merkt sich die Wörter. Dann werden die Wortkärtchen an den Schiedsrichter übergeben. Dazu sprechen die Mitspieler die Wörter zur Kontrolle laut. Der Schiedsrichter merkt (oder notiert) sich, wer welche Wörter gesprochen hat.

Dann stellt sich Mannschaft 1 nebeneinander an der linken Tischseite auf, Mannschaft 2 stellt sich an der rechten Tischseite auf. Vor jedem Mitspieler liegt ein Wattebällchen:

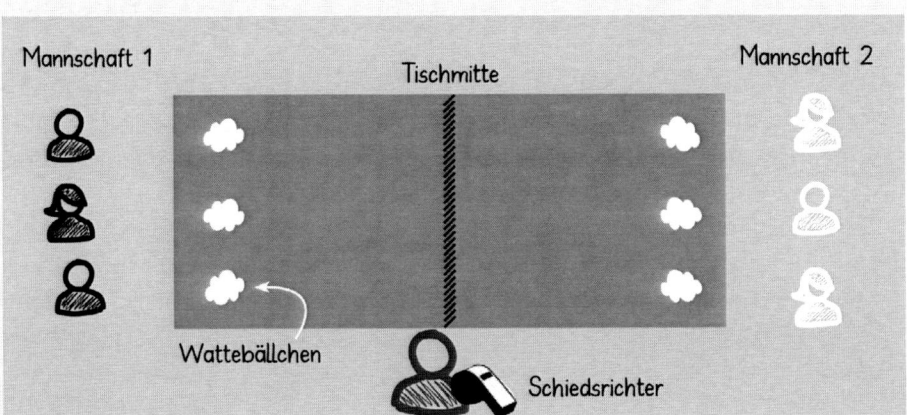

bis

ca. 20 min

Auf ein Signal vom Schiedsrichter („Los!" rufen, Pfeifen oder Arm heben) darf jeder Mitspieler jedes Wattebällchen auf seiner Tischseite ausschließlich mit Wörtern von seinen gezogenen Wortkärtchen anpusten. Dazu spricht er die Wörter mit kräftig gespannten und aspirierten Fortisplosiv [pʰ]. Der Schiedsrichter kontrolliert, dass jeder Mitspieler tatsächlich nur die eigenen Wörter spricht, und stoppt das Spiel, wenn ein Mitspieler ein falsches Wort spricht oder sich unfair verhält oder wenn ein Wattebällchen vom Tisch fällt. Heruntergefallene Wattebällchen hebt der Schiedsrichter auf und legt sie auf die Mittellinie. Das Spiel geht weiter, wenn der Schiedsrichter wieder ein Signal gibt.

Ziel jeder Mannschaft ist es, so viele Wattebällchen wie möglich über die Mittellinie auf die andere Tischseite (zur anderen Mannschaft) zu pusten. Nach 3 (oder 5) Minuten beendet der Schiedsrichter das Spiel. Gewonnen hat die Mannschaft mit den wenigsten Wattbällchen auf ihrer Tischseite.

**Spielvarianten und weitere Übungsmöglichkeiten:**

- Die Mitspieler können vor dem Spiel selbst Wortkärtchen mit [p]-Wörtern anfertigen und damit spielen.
- Die Anzahl der gezogenen Wortkärtchen kann variiert werden, d.h. jeder Mitspieler zieht ein, zwei oder mehrere Wortkärtchen.
- Es treten nur zwei Mitspieler gegeneinander an. Sie stellen sich an eine Tischseite nebeneinander. Jeder zieht ein Wortkärtchen und pustet mit dem gesprochenen Plosiv-Wort den vor ihm liegenden Watteball an. Wessen Wattebällchen sich am weitesten weg bewegt hat, gewinnt.
- Die Wörter auf den Wortkärtchen können in Sätzen verwendet werden, in denen noch weitere [p]-Wörter vorkommen. Für jedes [p] im Satz gibt es einen Punkt, z.B.: *Peter packt Pakete* (= 3 Punkte).
- Es werden zusammengesetzte Wörter mit den Wörtern von den Wortkärtchen gebildet, z.B. *Park → Parkplatz*. Diese werden für das Spiel verwendet.

**Vorbereitung und Korrektur:**

- Lassen Sie die Mitspieler die Wörter (Hörbeispiel 15) vor dem Spiel hören und nachsprechen.
- Ermuntern Sie die Mitspieler, zuerst alle Wörter auf ihren gezogenen Wortkärtchen laut und mit deutlich gespanntem (und auch aspiriertem) Fortisplosiv [pʰ] zu sprechen und mit entsprechenden Gesten (z.B. geballte Faust) zu begleiten.

**Hörbeispiel 15**

Paar, Pass, Park, Post, Pommes, Punkt, Pause, Party, Paket, Papa, Pappe, Puppe, Pinsel, Pizza, Papier, Päckchen, Paprika, Pinguin,

Polizei, Pullover, passen, putzen, parken, perfekt, plötzlich, peinlich, packen, pusten, Spiel, Sport, Spaß, sparen

| | | | |
|---|---|---|---|
| Paket | Pause | Pullover | passen |
| Papa | Pinguin | Punkt | putzen |
| Papier | Pinsel | Puppe | parken |
| Paar | Pizza | Pass | perfekt |
| Päckchen | Pappe | Spiel | plötzlich |
| Paprika | Polizei | Sport | peinlich |
| Park | Pommes | Spaß | packen |
| Party | Post | sparen | pusten |

**44 Aussprachespiele**
ISBN 978-3-12-675187-2
Alles Digitale auf **allango.net**

# 13 | Mit E-Lauten durch die Stadt

ca. 20 min

**Phonetik-Thema:** E-Laute

**Mitspieler:**
- 3 bis beliebig viele; es kann in mehreren Gruppen parallel gespielt werden

**Vorbereitung/Material:**
- pro Mitspieler (bzw. pro Gruppe) einen Stadtplan kopieren
- Wörtertafel einmal kopieren und in Wortkärtchen zerschneiden

**Spielverlauf:**
Jeder Mitspieler (bzw. jede Gruppe) bekommt einen Stadtplan. Der Spielleiter erklärt das Spiel anhand eines Beispiels (am besten an die Tafel schreiben). Die Wortkärtchen liegen verdeckt auf einem Stapel. Ein Mitspieler zieht nacheinander mehrere Wortkärtchen und liest sie vor. Die anderen Mitspieler entscheiden bei jedem Wort, ob es einen kurzen oder langen E-Laut als Akzentvokal enthält. Bei einem kurzen E-Laut gehen sie auf dem Stadtplan nach *links*, bei einem langen E-Laut nach *rechts*. Sobald sie an einem Ziel ankommen, rufen sie es laut.

*Möglichkeit 1* (ein Spieldurchgang): Wer zuerst das richtige Ziel gerufen hat, ist Gewinner.
*Möglichkeit 2* (mehrere Spieldurchgänge): Es wird vereinbart, wie viele Durchgänge gespielt werden und mitgezählt (Strichliste), wie viele richtige Ziele jeder erreicht hat. Gewonnen hat, wer die meisten richtigen Ziele laut gerufen hat.

**Beispiel:**
1. Wort: *rennen* = nach links; 2. Wort: *gehen* = nach rechts; 3. Wort: *helfen* = nach links; 4. Wort: *setzen* = nach links → Ziel: See

**Spielvarianten und weitere Übungsmöglichkeiten:**
- Die Wörter können vom Spielleiter oder von einem Mitspieler ausgewählt und vorgelesen werden.
- Es können andere Wörter mit langen und kurzen E-Lauten als Akzentvokal für das Spiel verwendet werden (dazu neue Wortkärtchen anfertigen).
- Es können weitere phonetische Kontraste geübt werden, z.B. Vokalquantität anderer Akzentvokale (O-Laute, U-laute, Ö-Laute usw.) oder Konsonanten (beispielsweise Ich- und Ach-Laut). Dann muss vereinbart werden, dass man z.B. bei einem Wort mit Ich-Laut nach *rechts* und bei einem Wort mit Ach-Laut nach *links* gehen muss. Fertigen Sie passende Wortkarten an, auch die Zielorte sollten dann die entsprechenden Laute enthalten, z.B. *Kirche, Hochhaus* usw.
- Als Zielorte können auch gemeinsam real existierende Ortsnamen bzw. Straßennamen gesucht und für das Spiel verwendet werden, z.B. für E-Laute: *Dresden, Essen, Schneeberg* usw.
- Zu jedem erreichten Ziel kann noch etwas erzählt werden, z.B. was man am Zielort macht, was man dort erlebt, mit wem man dort worüber spricht. Dabei werden möglichst viele E-Wörter benutzt.

**Vorbereitung und Korrektur:**

- Lassen Sie die Mitspieler die Wörter (Hörbeispiel 16) – geordnet nach langen und kurzen E-Lauten – vor dem Spiel hören und nachsprechen.
- Sprechen Sie vor dem Spiel alle Wörter laut vor – alle wiederholen im Chor und zeigen mit Gesten, ob der Vokal lang oder kurz ist. Erklären Sie, dass es auf den Akzentvokal (in der betonten Silbe) und dessen Länge ankommt, denn alle Wörter enthalten außerdem noch einen unbetonten Schwa-Laut in der Endsilbe.
- Wenn beim Spiel ein falsches Ziel erreicht wurde, sprechen Sie die Wörter noch einmal deutlich in der genannten Reihenfolge vor und alle kontrollieren gemeinsam den Weg.
- Besonders gut ist es, wenn die Mitspieler jeweils die Wörter vorlesen – die Korrektur erfolgt dabei automatisch, sobald die anderen Mitspieler um Wiederholung des Wortes bitten.

**Hörbeispiel 16** 🎵

### 16/1

**Kurze E-Laute**

bremsen, brennen, denken, essen, helfen, kennen, lächeln, lenken, rechnen, rennen, senden, setzen, stellen, sprechen, schmecken, treffen, trennen, wecken, werben, werfen, wechseln

### 16/2

**Lange E-Laute**

drehen, fehlen, geben, gehen, herkommen, heben, kegeln, kleben, leben, lesen, nehmen, reden, regnen, sehen, stehen, treten, verstehen, werden, wehen

### 16/3

**Ziele mit kurzen und langen E-Lauten**

WC, See, Café, Bäcker, Mensa, Teehaus, Werkstatt, Verkehrsbetrieb, Dresdner Platz, Regensburger Straße, Zebraweg, Endstation, Fernsehturm, Messehaus, Tennisplatz, Schmetterlingsweg

| bremsen | brennen | denken | drehen | essen | fehlen | geben | gehen |
|---|---|---|---|---|---|---|---|
| herkommen | heben | helfen | kegeln | kennen | kleben | lächeln | leben |
| lesen | lenken | nehmen | rechnen | reden | regnen | rennen | sehen |
| senden | setzen | stehen | stellen | sprechen | schmecken | treffen | trennen |
| treten | verstehen | wecken | werben | werfen | werden | wehen | wechseln |

**44 Aussprachespiele**
ISBN 978-3-12-675187-2
Alles Digitale auf **allango.net**

# Stadtplan

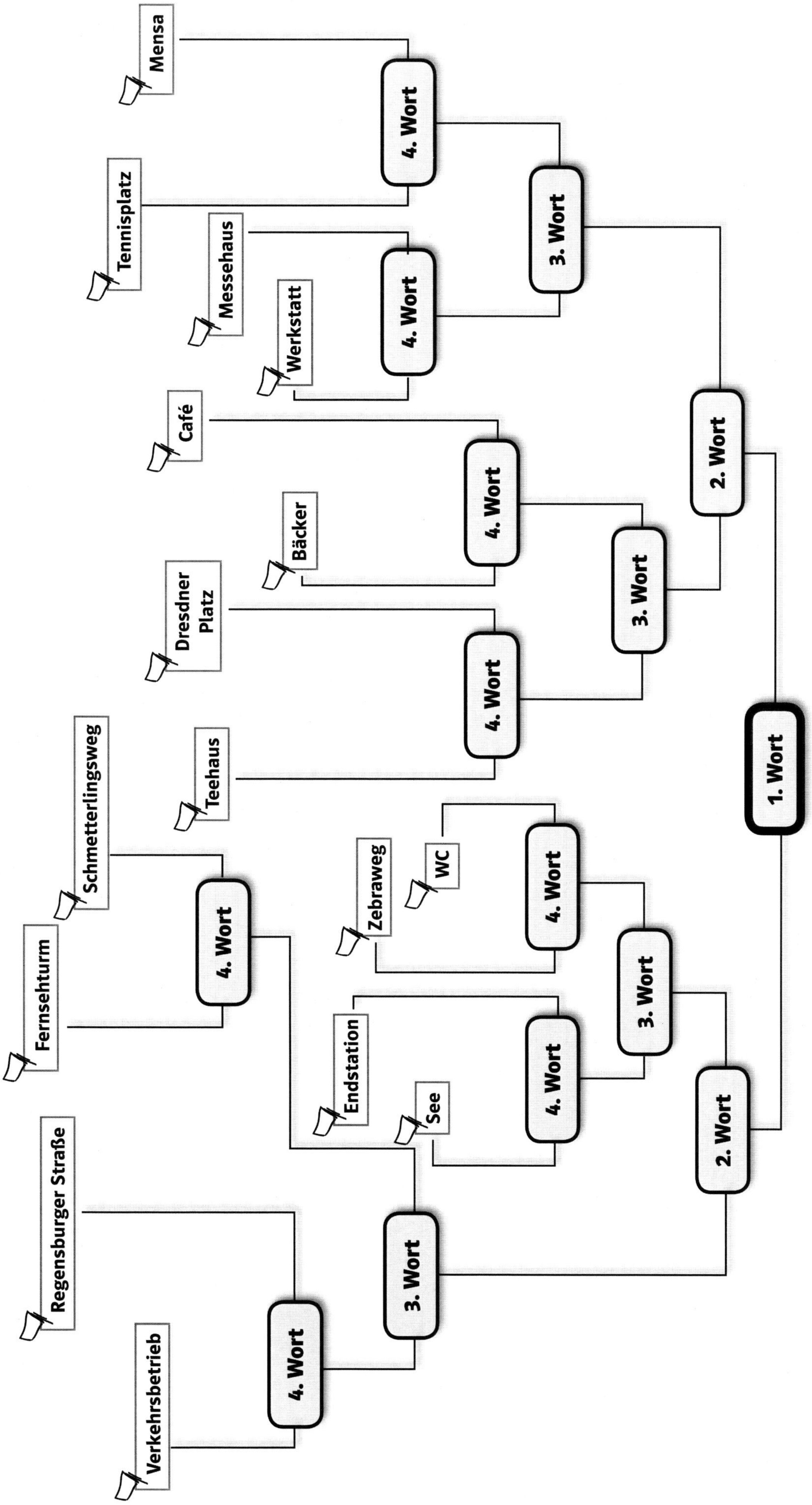

Mensa

Tennisplatz

Messehaus

Werkstatt

Café

Bäcker

Dresdner Platz

Schmetterlingsweg

Teehaus

Fernsehturm

WC

Zebraweg

Endstation

See

Regensburger Straße

Verkehrsbetrieb

4. Wort

4. Wort

3. Wort

4. Wort

4. Wort

3. Wort

2. Wort

4. Wort

1. Wort

4. Wort

4. Wort

4. Wort

3. Wort

2. Wort

4. Wort

3. Wort

**44 Aussprachespiele**
ISBN 978-3-12-675187-2
Alles Digitale auf **allango.net**

Klett

# 14 | Silbensammler

**ca. 30 min**

**Phonetik-Thema:** Silben, Wörter, Wortakzentuierung, Rhythmus

**Mitspieler:**

- 4 bis 10, eingeteilt in Gruppen à 2 oder 3 Mitspieler

**Vorbereitung/Material:**

- Silbentafel (Variante 1 oder 2) kopieren und in Silbenkärtchen zerschneiden

**Spielverlauf:**

Die Silbenkärtchen (Variante 1 oder 2) werden gemischt und gleichmäßig an die Gruppen verteilt. Die Gruppen versuchen nun, aus den Silben auf ihren Kärtchen passende Wörter zu bilden. Sicher bleiben in jeder Gruppe einige Silbenkärtchen übrig, aus denen sich keine Wörter bilden lassen – diese sind Tauschobjekte für den weiteren Spielverlauf. Nun sollen die Gruppen versuchen, so miteinander zu tauschen, dass sie noch weitere Wörter bilden können. Sie gehen zu einer anderen Spielgruppe und sagen zum Beispiel: „Ich habe die Silbe *GA* übrig – ich brauche die Silbe *TER* für *WÖRTERBUCH*."

Nach einer festgelegten Zeit sagt der Spielleiter „Stopp!" Die Mitspieler bekommen nun die Aufgabe, die Wortakzentstellen und Vokalquantitäten auf ihren gelegten Wörtern zu markieren: lange Vokale mit Strich unter dem Vokal (z.B. *Schokola̲de*), kurze Vokale mit Punkt unter dem Vokal (z.B. *Tọrte*).

Dann lesen die Gruppen nacheinander alle Wörter vor, die sie gefunden haben.

*Möglichkeit 1*: Gewonnen hat die Gruppe mit den meisten Wörtern.
*Möglichkeit 2*: Gewonnen hat die Gruppe mit den meisten Wörtern, die außerdem noch korrekt vorgelesen wurden. Dazu wird eine Jury gebildet, die die richtige Aussprache überprüft.
*Möglichkeit 3*: Es werden Punkte verteilt (zweisilbige Wörter = 2 Punkte, dreisilbige Wörter = 3 Punkte, viersilbige Wörter = 4 Punkte) und zusammengezählt. Gewonnen hat die Gruppe mit den meisten Punkten.

**Spielvarianten und weitere Übungsmöglichkeiten:**

- Jede Silbe darf nur einmal verwendet werden (z.B. werden aus *GAR, TEN, HAUS, KIN, DER* gebildet: *Gartenhaus, Kinder*).
- Die Mitspieler notieren auf einem Arbeitsblatt alle Wörter, die sich aus den Silben potenziell legen lassen würden, d.h. die Silben auf den Kärtchen dürfen für verschiedene Wörter verwendet werden (z.B. werden aus *GAR, TEN, HAUS, KIN, DER* gebildet: *Gartenhaus, Hausgarten, Kindergarten*).
- Die Gruppen tauschen die Silbenkärtchen nicht untereinander, sondern vervollständigen die Lücken selbst. Sind z.B. *FREMD* und *BUCH* vorhanden, können *WÖR* und *TER* ergänzt werden (*Fremdwörterbuch*).
- Die im Spiel (Variante 1) gefundenen Wörter werden so gesprochen, dass man hört, ob man etwas mag oder nicht.
- Man kann ähnliche Spiele mit anderen Wörtern (auch andere Wortarten, z.B. Verben) und Silben gestalten.

- Die im Spiel gefundenen Wörter können in eine Tabelle einsortiert und dann vorgelesen werden, z.B.:

| Wortakzent auf der ... | 2-silbiges Wort | 3-silbiges Wort | 4-silbiges Wort |
|---|---|---|---|
| ... ersten Silbe | Nudeln | | |
| ... zweiten Silbe | | Banane | |
| ... dritten Silbe | | | |

**Vorbereitung und Korrektur:**

- Die Mitspieler können die Wörter (Hörbeispiele 17 und 18) nach dem Spiel hören und nachsprechen (es gibt mehr Möglichkeiten als vorgegeben).
- Ermuntern Sie die Mitspieler, alle gefundenen Wörter laut vorzulesen und den Wortakzent und die Vokalquantität und -qualität deutlich zu markieren (mit Gesten, besonders deutlich sprechen usw.).

**Hörbeispiele 17 und 18** 🔲🔲

**17**

**Lebensmittel**
Schokolade, Marmelade, Nudeln, Birnen, Salat, Brötchen, Käse, Zwiebel, Torte, Kuchen, Würstchen, Erbsen, Erdbeereis, Banane, Gemüse, Tomate, Zitrone, Spiegelei

**18**

**Vermischte Nomen**
Päckchen, Werkzeug, Antwort, Bahnhof, Auge, Bleistift, Auto, Bruder, Dose, Farbe, Wörterbuch, Fremdsprache, Flughafen, Landkarte, Hausaufgabe, Kindergarten

# Silbentafel (Variante 1: Lebensmittel)

| | | | |
|---|---|---|---|
| SCHO | KO | LA | DE |
| MAR | ME | LA | DE |
| NU | DELN | BIR | NEN |
| SA | LAT | BRÖT | CHEN |
| KÄ | SE | ZWIE | BEL |
| TOR | TE | KU | CHEN |
| WÜRST | CHEN | ERB | SEN |
| ERD | BEER | EIS | BA |
| NA | NE | GE | MÜ |
| SE | TO | MA | TE |
| ZI | TRO | NE | SPIE |
| GEL | EI | | |

**44 Aussprachespiele**
ISBN 978-3-12-675187-2
Alles Digitale auf **allango.net**

# Silbentafel (Variante 2: Vermischte Nomen)

| | | | |
|---|---|---|---|
| HAUS | AUF | GA | BE |
| KIN | DER | GAR | TEN |
| PÄCK | CHEN | WERK | ZEUG |
| ANT | WORT | BAHN | HOF |
| AU | GE | BLEI | STIFT |
| AU | TO | BRU | DER |
| DO | SE | FAR | BE |
| WÖR | TER | BUCH | FREMD |
| SPRA | CHE | FLUG | HA |
| FEN | LAND | KAR | TE |

**44 Aussprachespiele**
ISBN 978-3-12-675187-2
Alles Digitale auf **allango.net**

# 15 | Buchstabengitter-Rätsel

bis

ca. 30 min

**Phonetik-Thema:** Schwa-Laut [ə]

**Mitspieler:**

- 5 bis beliebig viele; es kann in mehreren Gruppen parallel gespielt werden

**Vorbereitung/Material:**

- pro Mitspieler ein (oder mehrere) Buchstabengitter kopieren
- entsprechende Vorlage(n) für Spielleiter kopieren

**Spielverlauf:**

Jeder Mitspieler bekommt ein (oder mehrere) Buchstabengitter. Der Spielleiter erklärt das Spiel anhand eines Beispiels an der Tafel. Dann liest er langsam und deutlich fünfmal je drei Wörter vor. Die Mitspieler machen in jeder waagerechten Linie immer dann ein Kreuz, wenn das Wort einen Schwa-Laut am Ende hat.
Das Muster der Kreuze ergibt den Lösungsbuchstaben.
Danach können ggf. weitere Buchstabengitterrätsel gelöst werden.

*Möglichkeit 1:* Es gibt keinen Gewinner. Ziel ist der Spaß am Spiel.
*Möglichkeit 2:* Es werden Mannschaften mit mehreren Mitspielern und je einem gewählten Spielleiter gebildet. Dieser liest die Wörter vor. Gewonnen hat die Gruppe, die zuerst den Lösungsbuchstaben gefunden und laut gerufen hat.

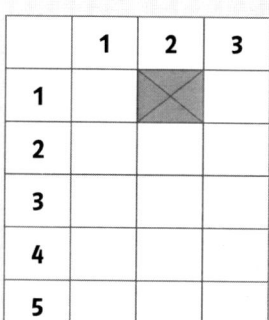

|   | 1 | 2 | 3 |
|---|---|---|---|
| 1 |   | X |   |
| 2 |   |   |   |
| 3 |   |   |   |
| 4 |   |   |   |
| 5 |   |   |   |

**Beispiel (Reihe 1):**

1. Wort: *Ring* = ohne Schwa → kein Kreuz; 2. Wort: *Arme* = mit Schwa → Kreuz; 3. Wort: *Stück* = ohne Schwa → kein Kreuz

**Spielvarianten und weitere Übungsmöglichkeiten:**

- Statt des Spielleiters kann ein Mitspieler gewählt werden, der alle Wörter vorliest und kontrolliert, ob alle richtig gehört haben.
- Die Mitspieler können nach dem vorliegenden Muster selbst Buchstabengitter mit neuen Wörtern zum Hören und neuen Lösungsbuchstaben anfertigen und dann damit üben. Am besten lesbar sind die Buchstaben: E, F, H, I, L, T, U.
- Die Kontrastpaare (Wörter mit und ohne Schwa, Hörbeispiel 19) können für einfache Hörkontrollübungen genutzt werden. Dazu werden sie paarweise aufgeschrieben, aber nur ein Wort pro Paar wird gesprochen. Die Mitspieler markieren das gehörte Wort und lesen es anschließend vor.
- Die Kontrastpaare lassen sich auch für einfache Nachsprechübungen nutzen.

**Vorbereitung und Korrektur:**

- Die Mitspieler können vor dem Spiel die Wortpaare (Hörbeispiel 19) im Kontrast (ohne und mit Schwa) hören und nachsprechen.
- Besonders gut ist es, wenn Mitspieler die Wörter vorlesen – die Korrektur erfolgt dabei automatisch, sobald die anderen um Wiederholung des Wortes bitten.

**Hörbeispiel 19** ▤ⓐ

**19/1**

Schuh – Schuhe; Arm – Arme;
Bein – Beine; Stern – Sterne;
Telefon – Telefone

**19/2**

Ding – Dinge; Regal – Regale;
Spiel – Spiele; Teil – Teile; Ziel – Ziele

**19/3**

Brot – Brote; Heft – Hefte; Stift – Stifte;
Ort – Orte; Punkt – Punkte

**19/4**

Blick – Blicke; Stück – Stücke;
Zweck – Zwecke; Besteck – Bestecke;
Getränk – Getränke

**19/5**

Brief – Briefe; Beruf – Berufe;
Besuch – Besuche; Gespräch – Gespräche;
Tisch – Tische

# Vorlage für Spielleiter

1. Tische, Regal, Telefone
2. Dinge, Stück, Teile
3. Texte, Witze, Gespräche
4. Brote, Getränk, Fische
5. Konzepte, Kurs, Ziele

|   | 1 | 2 | 3 |
|---|---|---|---|
| 1 | X |   | X |
| 2 | X |   | X |
| 3 | X | X | X |
| 4 | X |   | X |
| 5 | X |   | X |

1. Briefe, Stifte, Hefte
2. Arme, Bein, Schuh
3. Bereiche, Berufe, Rechte
4. Spiele, Ort, Konzert
5. Vitamine, Rezepte, Punkte

|   | 1 | 2 | 3 |
|---|---|---|---|
| 1 | X | X | X |
| 2 | X |   |   |
| 3 | X | X | X |
| 4 | X |   |   |
| 5 | X | X | X |

1. Bestecke, Besuche, Blicke
2. Zwecke, Flur, Stern
3. Tische, Regale, Telefone
4. Dinge, Stück, Teil
5. Texte, Witz, Gespräch

|   | 1 | 2 | 3 |
|---|---|---|---|
| 1 | X | X | X |
| 2 | X |   |   |
| 3 | X | X | X |
| 4 | X |   |   |
| 5 | X |   |   |

1. Brote, Getränke, Fische
2. Konzept, Kurse, Ziel
3. Brief, Stifte, Heft
4. Arm, Beine, Schuh
5. Bereich, Berufe, Recht

|   | 1 | 2 | 3 |
|---|---|---|---|
| 1 | X | X | X |
| 2 |   | X |   |
| 3 |   | X |   |
| 4 |   | X |   |
| 5 |   | X |   |

1. Spiele, Orte, Konzerte
2. Vitamine, Rezept, Punk
3. Brote, Getränke, Fische
4. Konzepte, Kurs, Ziel
5. Briefe, Stifte, Hefte

|   | 1 | 2 | 3 |
|---|---|---|---|
| 1 | X | X | X |
| 2 | X |   |   |
| 3 | X | X | X |
| 4 | X |   |   |
| 5 | X |   |   |

 44 Aussprachespiele
ISBN 978-3-12-675187-2
Alles Digitale auf **allango.net**

**Welches Wort hat am Ende einen Schwa-Laut?**
**Markieren Sie die Kästchen mit einem Kreuz (X).**

|   | 1 | 2 | 3 |
|---|---|---|---|
| 1 |   |   |   |
| 2 |   |   |   |
| 3 |   |   |   |
| 4 |   |   |   |
| 5 |   |   |   |

Lösungsbuchstabe: _

|   | 1 | 2 | 3 |
|---|---|---|---|
| 1 |   |   |   |
| 2 |   |   |   |
| 3 |   |   |   |
| 4 |   |   |   |
| 5 |   |   |   |

Lösungsbuchstabe: _

|   | 1 | 2 | 3 |
|---|---|---|---|
| 1 |   |   |   |
| 2 |   |   |   |
| 3 |   |   |   |
| 4 |   |   |   |
| 5 |   |   |   |

Lösungsbuchstabe: _

|   | 1 | 2 | 3 |
|---|---|---|---|
| 1 |   |   |   |
| 2 |   |   |   |
| 3 |   |   |   |
| 4 |   |   |   |
| 5 |   |   |   |

Lösungsbuchstabe: _

|   | 1 | 2 | 3 |
|---|---|---|---|
| 1 |   |   |   |
| 2 |   |   |   |
| 3 |   |   |   |
| 4 |   |   |   |
| 5 |   |   |   |

Lösungsbuchstabe: _

**Welches Wort hat am Ende einen Schwa-Laut?**
**Markieren Sie die Kästchen mit einem Kreuz (X).**

|   | 1 | 2 | 3 |
|---|---|---|---|
| 1 |   |   |   |
| 2 |   |   |   |
| 3 |   |   |   |
| 4 |   |   |   |
| 5 |   |   |   |

Lösungsbuchstabe: _

|   | 1 | 2 | 3 |
|---|---|---|---|
| 1 |   |   |   |
| 2 |   |   |   |
| 3 |   |   |   |
| 4 |   |   |   |
| 5 |   |   |   |

Lösungsbuchstabe: _

|   | 1 | 2 | 3 |
|---|---|---|---|
| 1 |   |   |   |
| 2 |   |   |   |
| 3 |   |   |   |
| 4 |   |   |   |
| 5 |   |   |   |

Lösungsbuchstabe: _

|   | 1 | 2 | 3 |
|---|---|---|---|
| 1 |   |   |   |
| 2 |   |   |   |
| 3 |   |   |   |
| 4 |   |   |   |
| 5 |   |   |   |

Lösungsbuchstabe: _

|   | 1 | 2 | 3 |
|---|---|---|---|
| 1 |   |   |   |
| 2 |   |   |   |
| 3 |   |   |   |
| 4 |   |   |   |
| 5 |   |   |   |

Lösungsbuchstabe: _

**44 Aussprachespiele**
ISBN 978-3-12-675187-2
Alles Digitale auf allango.net

Klett

# 16 | Ang-Memory

**Phonetik-Thema:** Ang-Laut

**Mitspieler:**

- 3 bis 5; es kann in mehreren Gruppen parallel gespielt werden

**Vorbereitung/Material:**

- Memorykarten kopieren und auseinanderschneiden

**Spielverlauf:**

Die 60 Memorykarten werden gut gemischt und verdeckt ausgelegt (sechs Reihen waagerecht, zehn Reihen senkrecht). Nun beginnt ein Mitspieler, dreht zwei Memorykärtchen um und liest die Wörter auf den Karten vor. Passen die Wörter zusammen (gleiche Wortfamilie), darf er das Paar behalten und ein weiteres Kartenpaar aufdecken. Wenn nicht, ist der nächste Mitspieler dran.

**Beispiel 1:** Aufgedeckt sind *Ring* und *Ringe*. Der Mitspieler liest die Wörter vor und darf das Paar behalten. Dann darf er solange weitere Kartepaare umdrehen, bis er ein unpassendes Paar aufgedeckt hat (s. Beispiel 2).

**Beispiel 2:** Aufgedeckt sind *Ring* und *Ding*. Der Mitspieler liest die Wörter vor und muss die Kärtchen wieder umdrehen, denn die Wörter passen nicht zusammen (gehören nicht zur gleichen Wortfamilie). Der nächste Mitspieler ist dran.

Das Spiel endet, wenn keine Karten mehr auf dem Tisch liegen. Gewinner ist, wer am Schluss die meisten Paare gesammelt hat.

**Spielvarianten und weitere Übungsmöglichkeiten:**

- Die Mitspieler nennen beim Aufdecken der Memorykarten noch die grammatischen Formen auf den beiden Kärtchen (z.B. *Ring* – *Ringe* = Singular und Plural).
- Jeder Mitspieler muss zusätzlich noch einen Satz mit jedem Wort des aufgedeckten Memorypaares bilden, z.B. „Ich habe zwei Ringe. Ich schenke dir einen Ring."
- Für jedes Wort kann die Länge des Akzentvokals (lang oder kurz) bestimmt und genannt werden.

**Vorbereitung und Korrektur:**

- Die Mitspieler können einige Wortpaare (Hörbeispiel 20) vor dem Spiel hören und nachsprechen.
- Üben Sie vor dem Spiel die Aussprache des Ang-Lautes – die Zunge muss dabei ganz entspannt im Mund liegen und der Verschluss darf nicht als Plosiv ([g] oder [k]) gelöst werden.

*
bis
**

ca. 20 min

**Hörbeispiel 20**

**20/1**

Ring – Ringe; Ding – Dinge; Zeitung – Zeitungen;
Prüfung – Prüfungen; Eingang – Eingänge

**20/2**

Richtung – Richtungen; Kreuzung – Kreuzungen;
Verabredung – Verabredungen; Wohnung – Wohnungen;
Zeichnung – Zeichnungen

**20/3**

springen – Sprung; singen – Gesang; anfangen – Anfang;
empfangen – Empfang; klingeln – Klingel; klingen – Klang

**20/4**

hängen – Vorhang; vergangen – Vergangenheit;
beziehungsweise – Beziehung; langweilig – Langeweile;
ahnungslos – Ahnung

**20/5**

bringen – verbringen; jung – jünger; gering – geringer;
hungrig – Hunger; ängstlich – Angst; eng – Enge;
streng – Strenge

| | | | | |
|---|---|---|---|---|
| eng | Ring | Zeitung | Ding | Prüfung |
| Enge | Ringe | Zeitungen | Dinge | Prüfungen |
| Eingang | Richtung | Kreuzung | Verabredung | Wohnung |
| Eingänge | Richtungen | Kreuzungen | Verabredungen | Wohnungen |
| Zeichnung | Einladung | springen | singen | anfangen |
| Zeichnungen | Einladungen | Sprung | Gesang | Anfang |

44 Aussprachespiele
ISBN 978-3-12-675187-2
Alles Digitale auf **allango.net**

| empfangen | klingen | klingeln | hängen | beziehungs-weise |
|---|---|---|---|---|
| Empfang | Klang | Klingel | Vorhang | Beziehung |
| bringen | ahnungslos | jung | hungrig | langweilig |
| verbringen | Ahnung | jünger | Hunger | Langeweile |
| ängstlich | Öffnung | gering | vergangen | streng |
| Angst | Öffnungen | geringer | Vergangenheit | Strenge |

**a**
**44 Aussprachespiele**
ISBN 978-3-12-675187-2
Alles Digitale auf **allango.net**

© Ernst Klett Sprachen GmbH, Stuttgart 2023 | www.klett-sprachen.de | Alle Rechte vorbehalten. Die Nutzung der Inhalte für Text- und Data-Mining ist ausdrücklich vorbehalten und daher untersagt. Von dieser Druckvorlage ist die Vervielfältigung für den eigenen Unterrichtsgebrauch gestattet. Die Kopiergebühren sind abgegolten.

# 17 | Das emotionale Echo

**5 – 10 min**

**Phonetik-Thema:** Vokalquantität und -qualität, emotionale Sprechweise

**Mitspieler:**
- beliebig viele

**Vorbereitung/Material:**
- Vorlage mit Aussprüchen und Gefühlswörtern (oder Beispiele für Spielvariante 2) kopieren

**Spielverlauf:**
Der Spielleiter liest die Aussprüche und Interjektionen in beliebiger Reihenfolge und mit unterschiedlicher Emotion vor. Diese Emotion muss sowohl in der Sprechweise als auch in Mimik und Gestik zum Ausdruck kommen. Alle Mitspieler müssen die Aussprüche sofort im Chor und mit der passenden Emotion (Sprechweise, Mimik, Gestik) wiederholen. Danach darf einer der Mitspieler Spielleiter sein usw.

Wichtig ist der Spaß am emotionalen Sprechen!

**Beispiel:**
Spielleiter: „Wirklich blöd!" (ärgerlich-nachdrücklich gesprochen, dabei mit dem Fuß auf den Boden stampfen und ein ärgerliches Gesicht machen)
Mitspieler (Echo): „Wirklich blöd!" (Sprechweise und Mimik/Gestik dabei imitieren)

**Spielvarianten und weitere Übungsmöglichkeiten:**
- Es können beliebige Wörter und Sätze emotional vor- und nachgesprochen werden – am besten zu einem spezifischen phonetischen Thema, z.B. Ö- und Ü-Laute („So schöne Blümchen!"), E-Laute („Geh endlich weg!"), Ich- und Ach-Laute („Ich nicht!" „Macht nichts!") usw.
- Es kann vereinbart werden, dass – wie beim klassischen Echoreim – immer nur die letzte Sequenz eines Wortes wiederholt wird, und zwar mehrmals und immer leiser werdend, z.B. „Was essen die Studenten?" – „Enten, Enten, Enten, …" (s. Beispiele Spielvariante 2). Dazu kann man die möglichen Echo-Antworten vorher auf kleine Zettel schreiben, die an die Mitspieler verteilt werden. Es antwortet immer nur der Mitspieler mit dem passenden Echotext.
- Man kann auch beliebige Äußerungen vorsprechen, von denen immer das ganze letzte Wort wiederholt werden muss, z.B. „Was machst du morgen?" – „Morgen, morgen, morgen, …"
- Gleiche Äußerungen werden in unterschiedlichen emotionalen Varianten gesprochen, z.B. „Typisch!" (freundlich oder ironisch oder gelangweilt).
- Mit den Aussprüchen und Interjektionen kann eine Unterhaltung geführt werden, z.B. A: „Nett! Sehr nett!" – B: „Hm!" – A: „Süß!" – B: „Süß???" – A: „Ja, herrlich!" – B: …

**Vorbereitung und Korrektur:**
- Die Mitspieler können die Hörbeispiele 21–23 vor oder nach dem Spiel hören und (emotional) nachsprechen.
- Ermuntern Sie die Mitspieler dazu, sehr emotional zu sprechen und den ganzen Körper mit einzusetzen (Körperhaltung, Bewegung, Mimik, Gestik etc.).

### 21/1

**Aussprüche**

Schade! Wirklich schade! *(traurig)*
Leider... *(enttäuscht)*
Leise! Psst, leise! Sei leise! *(nachdrücklich)*
Gefährlich! Achtung! Gefährlich! *(geheimnisvoll)*
Herrlich! Wirklich herrlich! *(fröhlich)*
Schrecklich! Wirklich schrecklich! *(erschrocken)*
Merkwürdig! Sehr merkwürdig! Wirklich merkwürdig! *(erstaunt)*
Nett! Sehr nett! Ganz nett! Wirklich nett! *(ironisch)*

### 21/2

Komisch! Wirklich komisch! *(erstaunt)*
Toll! Ganz toll! Echt toll! *(ironisch)*
Blöd! Wirklich blöd! *(ärgerlich)*
Schön! So schön! Sehr schön! *(erfreut)*
Natürlich! *(begeistert)*
Süß! Wie süß! Wirklich süß! Echt süß! *(begeistert)*
Typisch! Na typisch! Wirklich typisch! *(ärgerlich)*
Ruhig! Psst, ruhig! Seid ruhig! *(beruhigend)*
Super! Echt super! Ganz super! *(ironisch)*

### 22

**Gefühlswörter**

Ah! Aha! Ei-Ei! He! Iii! Oh! Oho! Hu! Hm! Ha! Haha!

### 23/1

**Echoreime (Spielvariante 2)**

Was machen die Leute in Hessen? – Essen, essen, essen, ...
Was essen die Studenten? – Enten, Enten, Enten, ...
Was trinkt das Schwein? – Wein, Wein, Wein, ...
Was schmeckt besser als Papier? – Bier, Bier, Bier, ...
Was kauft Herr Meier? – Eier, Eier, Eier, ...
Was kann man nicht verspeisen? – Eisen, Eisen, Eisen, ...

### 23/2

Was ist kalt und weiß? – Eis, Eis, Eis, ...
Was hat einen hohen Preis? – Reis, Reis, Reis, ...
Was schmeckt spezifisch? – Fisch, Fisch, Fisch, ...
Was trinkt man im Komitee? – Tee, Tee, Tee, ...
Wie frisst ein Pferd das Stroh? – Roh, roh, roh, ...
Was sagen die Leute in Halle? – Alle, alle, alle, ...
Wir klatschen in die Hände! – Ende, Ende, Ende, ...

| Aussprüche | Beispiele möglicher Emotionen |
|---|---|
| *Schade!/Wirklich schade!* | traurig, enttäuscht, ironisch, … |
| *Leider …* | traurig, enttäuscht, ironisch, … |
| *Leise!/Psst, leise!/Sei leise!* | nachdrücklich, überrascht, … |
| *Gefährlich!/Achtung! Gefährlich!* | erschrocken, drohend, geheimnisvoll, … |
| *Herrlich!/Wirklich herrlich!* | fröhlich, begeistert, ironisch, … |
| *Schrecklich! Wirklich schrecklich!* | traurig, erschrocken, entsetzt, … |
| *Merkwürdig!/Sehr merkwürdig!/Wirklich merkwürdig!* | erstaunt, überrascht, enttäuscht, … |
| *Nett!/Sehr nett!/Ganz nett!/Wirklich nett!* | sachlich, nachdrücklich, erfreut, begeistert, ironisch, … |
| *Komisch!/Wirklich komisch!* | erstaunt, ironisch, … |
| *Toll!/Ganz toll!/Echt toll!* | erstaunt, überrascht, erfreut, begeistert, ironisch, … |
| *Blöd! Wirklich blöd!* | traurig, ärgerlich, wütend, … |
| *Schön!/So schön!/Sehr schön!* | erfreut, überrascht, ironisch, … |
| *Natürlich!* | zustimmend, begeistert, … |
| *Süß!/Wie süß!/Wirklich süß!/Echt süß!* | erstaunt, überrascht, erfreut, begeistert, ironisch, … |
| *Typisch!/Na typisch!/Wirklich typisch!* | ärgerlich, wütend, ironisch, … |
| *Ruhig!/Psst, ruhig!/Seid ruhig!* | beruhigend, nachdrücklich, überrascht, … |
| *Super!/Echt super!/Ganz super!* | erstaunt, überrascht, erfreut, begeistert, ironisch, … |

## Gefühlswörter

Ah! Aha! Ei-Ei! He! Iiii! Oh! Oho! Hu! Hm! Ha! Haha!

# Spielvariante 2 (Beispiele)

| |
|---|
| Was machen die Leute in Hessen? – Essen, essen, essen, … |
| Was essen die … Studenten/ … Dozenten? – Enten, Enten, Enten, … |
| Was trinkt das Schwein? – Wein, Wein, Wein, … |
| Was schmeckt besser als Papier? – Bier, Bier, Bier, … |
| Was kauft Herr Meier? – Eier, Eier, Eier, … |
| Was kann man nicht verspeisen? – Eisen, Eisen, Eisen, … |
| Was ist kalt und weiß? – Eis, Eis, Eis, … |
| Was hat einen hohen Preis? – Reis, Reis, Reis, … |
| Was schmeckt spezifisch? – Fisch, Fisch, Fisch, … |
| Was trinkt man im Komitee? – Tee, Tee, Tee, … |
| Wie frisst ein Pferd das Stroh? – Roh, roh, roh, … |
| Was sagen die Leute in Halle? – Alle, alle, alle, … |
| Wir klatschen in die Hände – Ende, Ende, Ende, … |

**44 Aussprachespiele**
ISBN 978-3-12-675187-2
Alles Digitale auf **allango.net**

# 18 | Anna sagt …

**Phonetik-Thema:** Vokale: E-Laute, Ö- und Ü-Laute;
Konsonanten: Plosive [p, b, t, d, k, g], Frikative [f, v, s, z, ʁ, ʃ]; Rhythmus

*
bis
**

5 – 10 min

**Mitspieler:**

- beliebig viele

**Vorbereitung/Material:**

- eine Liste (A, B, C oder D) mit Aufforderungen für den Spielleiter kopieren

**Spielverlauf:**
Der Spielleiter stellt sich frontal zur stehenden Mitspielergruppe und spricht
nacheinander deutlich die Aufforderungen von der Liste. Die Aufforderungen
werden eingeleitet mit „Anna sagt …"

**Beispiel:**
Spielleiter: „Anna sagt: Tür öffnen!" Die stehenden Mitspieler wiederholen die
Aufforderung im Chor: „Tür öffnen!" und stellen die darin enthaltende Tätigkeit
(z.B. Tür öffnen) pantomimisch dar.

Sobald der Spielleiter die Einleitung „Anna sagt …" vor der Aufforderung weg lässt
und z.B. nur „Tür öffnen!" sagt, dürfen die Mitspieler nichts sagen und sich auch
nicht bewegen. Wer trotzdem etwas sagt und/oder sich bewegt, muss sich
hinsetzen.

*Möglichkeit 1*: Der Spielleiter entscheidet, wann das Spiel zu Ende ist. Gewinner
sind alle Mitspieler, die dann noch stehen.
*Möglichkeit 2*: Das Spiel ist zu Ende, wenn nur noch ein einziger Mitspieler steht.
Dieser Mitspieler hat gewonnen und darf ggf. die nächste Runde als Spielleiter
anführen.

**Spielvarianten und weitere Übungsmöglichkeiten:**

- Es können weitere Aufforderungen nach gleichem Muster gebildet werden, die
  das zu übende Segment enthalten.
- Es können andere phonetische Probleme geübt werden, z.B. Ich- und Ach-Laute
  („Laut sprechen!" „Licht anmachen!"). Es kann aber auch die Übung rhythmi-
  scher Einheiten im Mittelpunkt stehen, dann ist es nicht wichtig, dass bestimm-
  te Laute in den Aufforderungen gehäuft vorkommen.
- Vor dem Spiel kann man einen Zettel herumreichen und die Mitspieler auf-
  fordern, nacheinander jeweils eine passende Aufforderung aufzuschreiben. Zum
  Schluss wird diese Liste für das Spiel verwendet.
- Anstelle von *Anna* können andere Namen verwendet werden, z.B. Peter, Eva,
  Micha, …
- Die Aufforderungen können in unterschiedlichen Emotionen gesprochen
  werden, z.B. fröhlich, ärgerlich, gelangweilt, erschrocken, …
- Die Aufforderungen lassen sich umformulieren und erweitern, z.B.:
  - sehr höflich: „Würdest du bitte mal das Fenster öffnen."
  - sehr nachdrücklich: „Öffne bitte endlich mal das Fenster!"

**Vorbereitung und Korrektur:**

- Die Mitspieler können einige Hörbeispiele (24) vor oder nach dem Spiel hören und nachsprechen.
- Ermuntern Sie die Mitspieler dazu,
  - … dass sie die Vokale (Liste A und B) übertrieben lang bzw. kurz aussprechen und die Lippen bei Ö- und Ü-Lauten stark runden sowie Länge und Kürze mit Gesten begleiten.
  - dass sie die Fortisplosive (Liste C) besonders stark aspirieren und mit Handgesten (geballte Faust) begleiten.

**Hörbeispiel 24**

### 24/1

**E-Laute**

*Anna sagt:* Setzen! Aufstehen! Reden! Sprechen! Fenster putzen! Aus dem Fenster sehen! Lesen! Zeitung lesen! Umdrehen! Den Weg kehren! Die Straße fegen! Weggehen! Hände heben! Holz sägen! Fernsehen! Wäsche aufhängen! Nähen! Mit der Schere schneiden! Lächeln! Zehn Finger zeigen! Zettel aufheben! Zählen!

### 24/2

**Ö- und Ü-Laute**

*Anna sagt:* Fenster öffnen! Tür öffnen! Haare bürsten! Brötchen essen! Müsli essen! Küssen! Gemüse putzen! Fröhlich sein! Böse sein! Wütend sein! Vögel füttern! Töne hören! Stühle umdrehen! Möbel rücken! Bücher lesen! Löwen streicheln! Blümchen pflücken! Süße Früchte pflücken! Fünf Finger zeigen! Grüßen! Kissen ausschütteln!

### 24/3

**Plosive**

*Anna sagt:* Baby baden! Bier trinken! Cola trinken! Kaffee trinken! Kakao trinken! Tee trinken! Boxen! Brille putzen! Duschen! Gardinen aufhängen! Geige spielen! Gitarre spielen! Klavier spielen! Geradeaus gehen! Gratulieren! Kirschtorte backen! Kuchen backen! Plätzchen backen! Koffer packen! Pakete packen! Postkarte schreiben! Tanzen! Telefonieren! Tisch decken! Tischtennis spielen! Träumen! Trompeten! Tschüss sagen!

### 24/4

**Frikative**

*Anna sagt:* Fahrrad fahren! Ski fahren! Fernsehen! Fische fangen! Fliegen! Fotografieren! Freundlich sein! Fröhlich sein! Fußball spielen! Rad fahren! Radio hören! Sauber machen! Schach spielen! Schlafen! Schreiben! Schwimmen! Servus sagen! Summen! Wände streichen! Wandern! Wäsche waschen! Weinen!

# Liste A

## E-Laute

*Anna sagt:*

Setzen!/Hinsetzen!

Aufstehen!

Reden!/Sprechen!

Fenster putzen!

Aus dem Fenster sehen!

Lesen!/Zeitung lesen!

Umdrehen!

Den Weg kehren!

Die Straße fegen!

Weggehen!

Hände heben!

Holz sägen!

Fernsehen!

Wäsche aufhängen!

Nähen!

Mit der Schere schneiden!

Lächeln!

Zehn Finger zeigen!

Zettel aufheben!

Zählen!

# Liste B

## Ö- und Ü-Laute

*Anna sagt:*

Fenster öffnen!

Tür öffnen!

Haare bürsten!

Brötchen essen!

Müsli essen!

Küssen!

Gemüse putzen!

Fröhlich sein!

Böse sein!

Wütend sein!

Vögel füttern!

Töne hören!

Stühle umdrehen!

Möbel rücken!

Bücher lesen!

Löwen streicheln!

Blümchen pflücken!

Süße Früchte pflücken!

Fünf Finger zeigen!

Grüßen!

Kissen ausschütteln!

# Liste C

## Plosive [p, b, t, d, k, g]

*Anna sagt:*

Baby baden!

Bier trinken!/Cola trinken!/Kaffee trinken!/
Kakao trinken!/Tee trinken!

Boxen!

Brille putzen!

Duschen!

Gardinen aufhängen!

Geige spielen!/Gitarre spielen!/Klavier spielen!

Geradeaus gehen!

Gratulieren!

Kirschtorte backen!/Kuchen backen!/Plätzchen backen!

Koffer packen!/Pakete packen!

Postkarte schreiben!

Tanzen!

Telefonieren!

Tisch decken!

Tischtennis spielen!

Träumen!

Trompeten!

Tschüss sagen!

# Liste D

## Frikative [f, v, s, z, ʁ, ʃ]

*Anna sagt:*

Fahrrad fahren!/Ski fahren!

Fernsehen!

Fische fangen!

Fliegen!

Fotografieren!

Freundlich sein!/Fröhlich sein!

Fußball spielen!

Rad fahren!

Radio hören!

Sauber machen!

Schach spielen!

Schlafen!

Schreiben!

Schwimmen!

Servus sagen!

Summen!

Wände streichen!

Wandern!

Wäsche waschen!

Weinen!

**44 Aussprachespiele**
ISBN 978-3-12-675187-2
Alles Digitale auf **allango.net**

Klett

# 19 | Zungenbrecherwerkstatt

*
bis
* * *

10 – 20 min

**Phonetik-Thema:** Konsonantenverbindung [ts], Rhythmus, Melodie

**Mitspieler:**

- 3 Spielgruppen mit mindestens 4 Mitspielern pro Gruppe

**Vorbereitung/Material:**

- Wörtertafeln kopieren und auseinanderschneiden, sortiert nach den Nummern (1, 2, 3) auf den Karten 3 Stapel bilden
- auf die Rückseiten der Kärtchen jeweils groß und deutlich die Nummer von der Vorderseite schreiben, am besten mit unterschiedlichen Farben

**Spielverlauf:**

Die Mitspieler werden in drei Gruppen mit je mindestens 4 Personen aufgeteilt. Die einzelnen Gruppen stehen in verschiedenen Ecken des Raums. In der ersten Gruppe erhält jeder Mitspieler ein Kärtchen mit der Nummer 1, in der zweiten Gruppe ein Kärtchen mit der Nummer 2, in der dritten Gruppe ein Kärtchen mit der Nummer 3. Jeder Mitspieler hält das Kärtchen so, dass nicht der Text, sondern nur die Zahl sichtbar ist. Nun beginnt das lebendige Spiel. Die Mitspieler der Gruppe 1 gehen zur Gruppe 2. Jeder wählt sich einen Mitspieler und nimmt ihn an die Hand. Dann gehen beide zur Gruppe 3, wählen einen weiteren Mitspieler und nehmen ihn an die Hand. Am Ende gibt es drei neue Gruppen mit jeweils drei Mitspielern (es müssen nicht alle Mitspieler aus jeder Gruppe gewählt werden). Der Reihe nach drehen alle nun ihre Kärtchen um und lesen von 1 bis 3 vor, was darauf steht.

**Beispiel:**

| ZWEI ZWERGE | ZOGEN SECHZIG ZENTNER SCHMALZ | ZUM MARKTPLATZ |
|---|---|---|

Danach ist das Spiel zu Ende oder die Mitspielergruppen bekommen neue Zettel und das Spiel beginnt von vorn.

*Möglichkeit 1:* Es gibt keinen Gewinner. Ziel ist der Spaß am „Zungenbrechen".
*Möglichkeit 2:* Bei jedem Zungenbrecher darf laut gelacht und/oder geklatscht werden. Gewonnen hat die Gruppe mit dem lautesten Beifall.

**Spielvarianten und weitere Übungsmöglichkeiten:**

- Jeder Mitspieler kann mehrere Zettel mit der gleichen Nummer erhalten und dann beim Zungenbrecherbasteln den lustigsten aussuchen.
- Aus anderen Zungenbrechern können ähnliche Spiele gebastelt werden, z.B.: *Ein französischer Regisseur inszenierte ein tschechisches Stück. Ein tschechischer Regisseur inszenierte ein französisches Stück. Ein deutscher Regisseur inszenierte ein spanisches Stück ...*
- Als Wettbewerb: Wer kann einen Zungenbrecher (oder mehrere hintereinander) am häufigsten oder am schnellsten fehlerlos sprechen?
- Es können Ortsnamen mit [ts] gesucht und in die Zungenbrecher eingebaut werden, z.B. *Potsdam, Zwickau, Zeitz, Leipzig: Zwei Leipziger Zwerge zogen sechzig Zentner Schmalz zum Potsdamer Bahnhof ...*
- Es werden Personennamen mit [ts] gesucht und in die Zungenbrecher eingebaut, z.B. *Zacharias, Zäzilie, Herr Schmitz, ...*

**Vorbereitung und Korrektur:**

- Die Mitspieler können die Zungenbrecher (Hörbeispiel 25) *nach* dem Spiel hören und nachsprechen.
- Ermuntern Sie die Mitspieler dazu, beim Vorsprechen ihres Textes den nächsten Mitspieler in der Reihe anzusehen, denn wenn sich die Sprecher aufeinander beziehen, stellt sich ein natürlicher Rhythmus besser ein.
- Notieren Sie sich eventuelle Fehler und üben Sie erst nach dem Spiel mit den Mitspielern, während des Spiels erfolgt keine Fehlerkontrolle.

**Hörbeispiel 25** 🔲

**25/1**

Zwei Zwerge zogen achtundachtzig winzige Zigarren zum Stadtzentrum.
Zehn Ziegen zogen zehn Zentner Zucker zum Zug.
Zwölf Zwillinge zogen zweihundert Zentner Holz zum Zentralbahnhof.
Dreizehn Pizzabäcker zogen achtzig Zentner Zahnpasta zum Flugplatz.

**25/2**

Vierzehn Katzen zogen zweihundert Zentner Zwiebeln zum Zahnarzt.
Zweiundzwanzig Zebras zogen sechsundneunzig Flugzeuge zur Zollstation.
Zweiundzwanzig Polizisten zogen zweiundachtzig spitze Zipfelmützen zum Konzertsaal.
Zweiundvierzig Pilzsammler zogen neunzig schwarze Zylinder zum Zwickauer Zoo.

| 1 | 1 | 1 | 1 | 1 |
|---|---|---|---|---|
| **ZWEI ZWERGE** | **ZEHN ZIEGEN** | **ZWÖLF ZWILLINGE** | **DREIZEHN PIZZABÄCKER** | **VIERZEHN KATZEN** |

| 1 | 1 | 1 | 1 | 1 |
|---|---|---|---|---|
| **FÜNFZEHN ZUSCHAUER** | **SECHZEHN ZIRKUSARTISTEN** | **SIEBZEHN ZAUBERER** | **ACHTZEHN TÄNZER** | **ZWANZIG ZAHNÄRZTE** |

| 1 | 1 | 1 | 1 | 1 |
|---|---|---|---|---|
| **ZWEIUNDZWANZIG POLIZISTEN** | **VIERZIG ÄRZTE** | **ZWEIUNDVIERZIG PILZSAMMLER** | **FÜNFZIG SPATZEN** | **ZWEIUNDZWANZIG ZEBRAS** |

| 2 | 2 | 2 | 2 | 2 |
|---|---|---|---|---|
| **ZOGEN SECHSUNDNEUNZIG FLUGZEUGE** | **ZOGEN ZWEIHUNDERTZWEI SPITZE ZELTE** | **ZOGEN NEUNZIG SCHWARZE ZYLINDER** | **ZOGEN ZWEIUNDACHTZIG SPITZE ZIPFELMÜTZEN** | **ZOGEN ZWEIUNDNEUNZIG WITZIGE ZYLINDER** |

| 2 | 2 | 2 | 2 | 2 |
|---|---|---|---|---|
| **ZOGEN SECHZIG ZENTNER SCHMALZ** | **ZOGEN ZWEIUNDACHTZIG NÜTZLICHE ZETTEL** | **ZOGEN ACHTZIG ZENTNER ZAHNPASTA** | **ZOGEN ZWEIHUNDERT ZENTNER ZWIEBELN** | **ZOGEN ACHTUNDACHTZIG WINZIGE ZIGARREN** |

| 2 | 2 | 2 | 2 | 2 |
|---|---|---|---|---|
| **ZOGEN ZEHN ZENTNER ZUCKER** | **ZOGEN ZWEI ZENTNER HOLZ** | **ZOGEN ZWÖLF ZENTNER GEWÜRZE** | **ZOGEN VIERUNDVIERZIG LITER BENZIN** | **ZOGEN FÜNFUNDFÜNFZIG ZENTNER SALZ** |

**44 Aussprachespiele**
ISBN 978-3-12-675187-2
Alles Digitale auf **allango.net**

| 3 | 3 | 3 | 3 | 3 |
|---|---|---|---|---|
| **ZUM ZEITZER ZOO** | **ZUM ZUG** | **ZUM POTSDAMER PLATZ** | **ZUM FLUGPLATZ** | **ZUM STADTZENTRUM** |

| 3 | 3 | 3 | 3 | 3 |
|---|---|---|---|---|
| **ZUM MARKTPLATZ** | **ZUM ZIRKUS** | **ZUM ZWICKAUER ZOO** | **ZUM ZELTPLATZ** | **ZUM ZENTRALBAHNHOF** |

| 3 | 3 | 3 | 3 | 3 |
|---|---|---|---|---|
| **ZUM SPIELPLATZ** | **ZUM KONZERTSAAL** | **ZUR ZOLLSTATION** | **ZUR BUSSTATION** | **ZUM ZAHNARZT** |

**44 Aussprachespiele**
ISBN 978-3-12-675187-2
Alles Digitale auf **allango.net**

# 20 | Satzbaukasten

** bis ***

10–20 min

**Phonetik-Thema:** Rhythmus, Melodie

**Mitspieler:**
- 4 Spielgruppen mit mindestens 5 Mitspielern pro Gruppe

**Vorbereitung/Material:**
- Wörtertafeln 1–4 kopieren und auseinanderschneiden, sortiert nach den Nummern (1, 2, 3, 4) auf den Karten 4 Stapel bilden
- auf die Rückseiten der Kärtchen jeweils groß und deutlich die Nummer von der Vorderseite schreiben, am besten mit unterschiedlichen Farben

**Spielverlauf:**
Die Mitspieler werden in vier Gruppen mit je mindestens 5 Mitspielern aufgeteilt. Die einzelnen Gruppen stehen in verschiedenen Ecken des Raums. In der ersten Gruppe erhält jeder ein Kärtchen mit der Nummer 1, in der zweiten Gruppe ein Kärtchen mit der Nummer 2 usw. Jeder Mitspieler hält das Kärtchen so, dass nicht der Text, sondern nur die Zahl sichtbar ist.
Nun beginnt das lebendige Spiel. Die Mitspieler der Gruppe 1 gehen zur Gruppe 2. Jeder wählt sich einen Mitspieler und nimmt ihn an die Hand. Dann gehen beide zur Gruppe 3, wählen einen weiteren Mitspieler und nehmen ihn an die Hand usw. Am Ende gibt es neue Gruppen mit jeweils vier Mitspielern (es müssen nicht alle Mitspieler aus jeder Gruppe gewählt werden). Der Reihe nach drehen alle ihre Kärtchen um und lesen von 1 bis 4 vor, was darauf steht.

**Beispiel:**

| 1 | 2 | 3 | 4 |
|---|---|---|---|
| DU **FÄHRST** | IM **WINTER** | MIT DEM **FAHRRAD** | ZUM **NORDPOL.** |

Danach ist das Spiel zu Ende oder die Mitspielergruppen bekommen neue Zettel und das Spiel beginnt von vorn.

*Möglichkeit 1:* Es gibt keinen Gewinner. Ziel ist der Spaß am Sätzebasteln.
*Möglichkeit 2:* Bei jedem Satz darf laut gelacht und/oder geklatscht werden. Gewonnen hat die Gruppe mit dem lautesten Beifall.

**Spielvarianten und weitere Übungsmöglichkeiten:**
- Jeder Mitspieler kann mehrere Kärtchen mit der gleichen Nummer erhalten und dann beim Sätzebasteln den lustigsten aussuchen.
- Es lassen sich auch weitere Sätze nach diesem Muster basteln.
- Die Sätze können emotional gesprochen werden, z.B. verwundert, fröhlich, ironisch.
- Es werden Behauptungen aufgestellt, denen widersprochen werden muss, z.B. A: „Mein Lehrer fährt morgen früh mit dem Dreirad in die Schule." B: „Was? Dein Lehrer fährt morgen früh mit dem Dreirad in die Schule?" – A: „Natürlich!" – B: „Nie im Leben!" – A: „Doch, das stimmt!" …

**Vorbereitung und Korrektur:**

- Die Mitspieler können die Sätze (Hörbeispiel 26) *nach* dem Spiel hören und nachsprechen.
- Ermuntern Sie die Mitspieler dazu, beim Vorsprechen ihres Textes den nächsten Mitspieler in der Reihe anzusehen, denn wenn sich die Sprecher aufeinander beziehen, stellt sich ein natürlicher Rhythmus besser ein.
- Weisen Sie die Mitspieler darauf hin, dass die fett gedruckten Wörter besonders deutlich und laut (gespannt) gesprochen werden soll. Das zusätzlich unterstrichene Wort (=Hauptakzent) muss besonders stark hervorgehoben werden.
- Notieren Sie sich eventuelle Fehler und üben Sie erst nach dem Spiel mit den Mitspielern, während des Spiels erfolgt keine Fehlerkontrolle.

**Hörbeispiel 26** 🔊

Du fährst im Winter mit dem Fahrrad zum Nordpol.
Der Polizist fährt am Freitag in einem Körbchen zum Mond.
Mein Lehrer fährt morgen früh mit dem Dreirad in die Schule.
Du fährst im Sommer mit dem Skateboard nach Mexiko.
Mein Opa fährt in zehn Jahren mit dem Roller in den Hühnerstall.
Mein Hund fliegt im Januar mit dem Auto zum Spielplatz.
Meine Schwester fliegt in der Nacht mit dem Motorrad zum Nordpol.
Meine Freundin fährt in den Ferien mit dem Fahrrad zu meiner Oma.

1

DU **FÄHRST**

1

DER POLIZIST **FÄHRT**

1

MEINE SCHWESTER **FLIEGT**

1

MEIN BRUDER **FÄHRT**

1

MEINE FREUNDIN **FÄHRT**

1

MEIN LEHRER/MEINE LEHRERIN **FÄHRT**

1

MEIN OPA **FÄHRT**

1

MEIN HUND **FLIEGT**

2

IM **JANUAR**

2

IN DEN **FERIEN**

2

AM **FREITAG**

2

IN ZEHN **JAHREN**

2

MORGEN **FRÜH**

2

IM **WINTER**

2

IN DER **NACHT**

2

IM **SOMMER**

**44 Aussprachespiele**
ISBN 978-3-12-675187-2
Alles Digitale auf **allango.net**

| 3 | 3 |
|---|---|
| MIT DEM **AUTO** | MIT DEM **SKATEBOARD** |

| 3 | 3 |
|---|---|
| MIT DEM **ROLLER** | MIT DEM **FLUGZEUG** |

| 3 | 3 |
|---|---|
| IN EINEM **KÖRBCHEN** | MIT DEM **FAHRRAD** |

| 3 | 3 |
|---|---|
| MIT DEM **MOTORRAD** | MIT DEM **DREIRAD** |

| 4 | 4 |
|---|---|
| NACH **MEXIKO.** | ZUM **SPIELPLATZ.** |

| 4 | 4 |
|---|---|
| INS **FERIENLAGER.** | ZUM **MOND.** |

| 4 | 4 |
|---|---|
| ZU MEINER **OMA.** | IN DEN **HÜHNERSTALL.** |

| 4 | 4 |
|---|---|
| IN DIE **SCHULE.** | ZUM **NORDPOL.** |

# 21 | Einkaufszettel

**Phonetik-Thema:** Konsonantenhäufungen

**Mitspieler:**

- 6 bis 18

**Vorbereitung/Material:**

- für zwei Drittel der Mitspieler je einen Einkaufszettel kopieren

**Spielverlauf:**

Stellen Sie sich folgende Szene vor: *Sie befinden sich mitten in einer Einkaufsstraße. Auf der anderen Straßenseite sehen Sie einen Freund und müssen hinüber rufen, was er einkaufen soll. Das ist sehr schwierig, denn mitten durch die Einkaufsstraße führt eine Straße, auf der sehr viele Autos fahren und Lärm machen.*

Zuerst werden drei gleich große Gruppen gebildet: eine Lärmgruppe und zwei Einkaufsgruppen. Jeder Mitspieler der zwei Einkaufsgruppen bekommt je einen Einkaufszettel und einen leeren Zettel. Dann stellen sich die Mitspieler der Einkaufsgruppen einander paarweise gegenüber – jeder steht auf seiner Straßenseite, möglichst weit entfernt voneinander. Nun diktiert jeder Mitspieler dem Partner auf der anderen Straßenseite, was er einkaufen soll. Wie das gemacht wird, entscheiden die Paare selbst – entweder abwechselnd jeweils ein Ding von jedem Einkaufszettel oder jeder jeweils den gesamten Einkaufszettel. Es zählt das Ergebnis. Währenddessen macht die Gruppe in der Mitte (auf der Straße) Lärm (laut rufen, sich laut unterhalten, Geräusche von Fahrzeugen imitieren usw.). Der Partner muss versuchen, trotzdem alles richtig aufzuschreiben. Lautes und deutliches Sprechen und ggf. mehrmaliges Nachfragen ist erlaubt und erwünscht. Zum Schluss wird verglichen. Wer hat alles (oder das meiste) vom Einkaufszettel verstanden?

*Möglichkeit 1:* Gewonnen hat das Paar, das die meisten diktierten Dinge richtig notiert hat.
*Möglichkeit 2:* Gewonnen hat der Mitspieler, der die meisten diktierten Dinge richtig notiert hat.
*Möglichkeit 3:* Die Lärmgruppe erhält auch eine Gewinnmöglichkeit: Für jedes *nicht* richtig notierte bzw. *fehlende* Ding bekommt die Lärmgruppe einen Punkt.

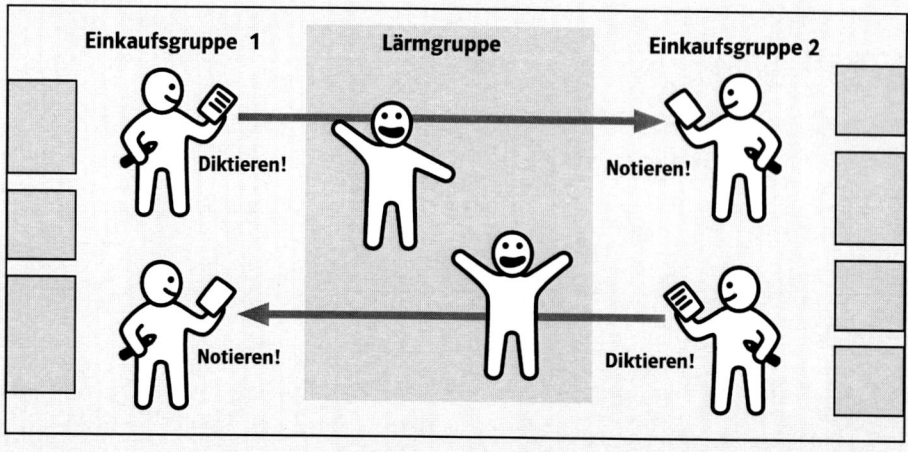

**Spielvarianten und weitere Übungsmöglichkeiten:**

■ Die Einkaufszettel lassen sich auch zum Üben anderer phonetischer Themen verwenden (Wortakzent, Vokale lang – kurz, E-Laute, R-Laute). Das muss dann vorher thematisiert und geübt werden.

■ Die Mitspieler fertigen vor dem Spiel selbst Einkaufszettel an – eventuell zu einem bestimmten phonetischen Thema. Diese Zettel werden dann für das Spiel verwendet.

■ Ein Mitspieler liest beliebige Wortgruppen von seinem Einkaufszettel vor – wer kann aus dem Gedächtnis die meisten Dinge notieren?

**Vorbereitung und Korrektur:**

■ Die Mitspieler können die Einkaufslisten (Hörbeispiel 27) vor oder nach dem Spiel hören und leise oder laut nachsprechen.

■ Ermuntern Sie die Mitspieler dazu, sehr laut und deutlich zu sprechen und ggf. mehrmals nachzufragen.

■ Während des Spiels erfolgt keine Korrektur, diese wird ggf. nach dem Spiel vorgenommen.

**Hörbeispiel 27** 🗐🅰

**27/1**

**Einkaufszettel**

- ein Becher Fleischsalat, ein Becher Geflügelsalat, ein Becher Heringssalat
- ein Beutel Kartoffeln, ein Bund Radieschen, ein Bund Zwiebeln, ein Kilo Apfelsinen, ein Kopf grüner Salat, drei Äpfel, fünf Kilo Pflaumen, drei Dosen Pilze
- eine Eierlikörtorte, ein Kirschkuchen, drei Stück Quarkkuchen
- eine Zeitschrift, eine Fernsehzeitschrift, ein Lexikon, ein Notizbuch, drei Filzstifte, drei Schreibblöcke
- eine Flasche Erdbeermilch, ein Liter Milch, ein Liter Buttermilch
- zwei Flaschen Apfelsaft, sechs Flaschen Tomatensaft, acht Flaschen Orangensaft
- ein Glas Aprikosenkonfitüre, ein Glas Kirschmarmelade, ein Glas Marmelade, zwei Gläser Pflaumenmus

**27/2**

- ein Päckchen Haferflocken, zwei Kilo Zucker, drei Beutel Puddingpulver, drei Päckchen Pfefferminztee, eine Tafel Vollmilchschokolade, drei Tafeln Nuss-Schokolade
- ein kleiner Ziegenkäse, zwei Becher Quark, sechs Eier, drei Stück Butter
- ein Vollkornbrot, zwölf Brötchen
- zwei Paprikaschnitzel, 250 Gramm Rindfleisch, drei Bratwürste, 300 Gramm Kochschinken, 350 Gramm Schinkenwurst
- ein Topfreiniger, eine Tube Zahnpasta, ein Päckchen Waschpulver, Fensterputzmittel, Papiertaschentücher, drei Zahnbürsten
- drei Fischbrötchen, drei Fischbüchsen

### Einkaufszettel 1:

1 Liter Milch
2 Becher Quark
3 Stück Butter
250 Gramm Rindfleisch
2 Paprikaschnitzel
3 Bratwürste
1 Becher Fleischsalat
3 Äpfel

### Einkaufszettel 2:

6 Eier
1 Glas Spargel
350 Gramm Schinkenwurst
1 Päckchen Haferflocken
1 Vollkornbrot
Papiertaschentücher
1 Päckchen Waschpulver
1 Kilo Apfelsinen

### Einkaufszettel 3:

2 Kilo Zucker
5 Kilo Pflaumen
1 kleiner Ziegenkäse
1 Liter Buttermilch
1 Bund Zwiebeln
1 Bund Radieschen
3 Tafeln Nuss-Schokolade
300 Gramm Kochschinken

### Einkaufszettel 4:

3 Zahnbürsten
1 Tube Zahnpasta
1 Kopf grüner Salat
2 Flaschen Apfelsaft
1 Zeitschrift
1 Topfreiniger
1 Glas Marmelade
1 Notizbuch

### Einkaufszettel 5:

3 Päckchen Pfefferminztee
1 Glas Aprikosenkonfitüre
1 Beutel Kartoffeln
1 Kirschkuchen
6 Flaschen Tomatensaft
3 Dosen Pilze
1 Flasche Erdbeermilch
1 Tafel Vollmilchschokolade

### Einkaufszettel 6:

12 Brötchen
1 Becher Geflügelsalat
1 Eierlikörtorte
1 Lexikon
3 Schreibblöcke
8 Flaschen Orangensaft
1 Fernsehzeitschrift
3 Fischbüchsen

### Einkaufszettel 7:

1 Liter Milch
1 Glas Spargel
1 kleiner Ziegenkäse
2 Flaschen Apfelsaft
6 Flaschen Tomatensaft
8 Flaschen Orangensaft
3 Stück Quarkkuchen
350 Gramm Schinkenwurst

### Einkaufszettel 8:

3 Stück Butter
1 Päckchen Haferflocken
1 Bund Zwiebeln
1 Topfreiniger
1 Flasche Erdbeermilch
3 Fischbüchsen
250 Gramm Rindfleisch
1 Vollkornbrot

### Einkaufszettel 9:

2 Paprikaschnitzel
Papiertaschentücher
3 Tafeln Nuss-Schokolade
1 Notizbuch
3 Päckchen Pfefferminztee
1 Becher Geflügelsalat
3 Bratwürste
1 Päckchen Waschpulver

### Einkaufszettel 10:

3 Äpfel
6 Eier
5 Kilo Pflaumen
2 Flaschen Apfelsaft
3 Schreibblöcke
1 Bund Radieschen
1 Beutel Kartoffeln
1 Glas Kirschmarmelade

### Einkaufszettel 11:

1 Liter Buttermilch
1 Zeitschrift
1 Topfreiniger
1 Flasche Erdbeermilch
1 Fernsehzeitschrift
3 Dosen Pilze
3 Filzstifte
2 Kilo Zucker

### Einkaufszettel 12:

1 Becher Fleischsalat
2 Gläser Pflaumenmus
1 Becher Heringssalat
Fensterputzmittel
3 Beutel Puddingpulver
3 Fischbrötchen
1 Topfreiniger
1 Notizblock

**44 Aussprachespiele**
ISBN 978-3-12-675187-2
Alles Digitale auf **allango.net**

# 22 | Stadt-Land-Fluss im Rhythmus

**Phonetik-Thema:** Wortakzentuierung, Rhythmus

**Mitspieler:**
- beliebig viele Mitspieler

bis

**Vorbereitung/Material:**
- pro Mitspieler eine Deutschlandkarte kopieren
- Aufgaben der Variante A, B oder C für den Spielleiter kopieren

5–10 min

**Spielverlauf:**
Jeder Mitspieler bekommt eine Deutschlandkarte. Der Spielleiter liest die Aufgaben vor und summt, klopft oder klatscht den Rhythmus der gesuchten Orte. Die Mitspieler suchen jeden Ort auf der Landkarte und notieren ihn. Der Spielleiter sagt, welche Buchstaben für das Lösungswort markiert werden sollen. Wenn alle Orte erraten sind, fragt der Spielleiter nach der Gesamtlösung. Am Schluss nennen die Mitspieler die gesuchte Lösung, d.h. den erratenen Ort.

*Möglichkeit 1:* Sieger ist, wer zuerst die Gesamtlösung ruft.
*Möglichkeit 2:* Es gibt keinen Gewinner. Ziel ist der Spaß am Finden der Lösung.

**Spielvarianten und weitere Übungsmöglichkeiten:**
- Ein Mitspieler ist Spielleiter. Kontrollieren Sie im Hintergrund, ob alles richtig geklopft/geklatscht wird.
- Nicht nur die Gesamtlösung wird von den Mitspielern genannt, sondern auch jeder erratene Ort.
- Es können andere Fragen (auch nach Flüssen, Bundesländern, Gebirgen, …) nach dem gleichen Prinzip vorbereitet und gestellt werden.
- In der Gesamtlösung muss nicht nach einem Ort gefragt werden. Alle möglichen Fragen sind denkbar, z.B. nach berühmten Persönlichkeiten und Bauwerken, nach typischen Produkten usw.
- Zu jedem Ortsnamen werden weitere passende Ortsnamen mit gleichem Rhythmusmuster gesucht – zu welchem Muster findet man die meisten Orte in Deutschland?
- Es werden Ortsnamen mit gleichem Anfangsbuchstaben gesucht, z.B. *Münster, München, Marburg, Mainz, …*
- Es werden Ortsnamen gesucht, die den gleichen Akzentvokal haben, z.B. *Dresden, Regensburg, Bremen …*
- Es wird eine Reise durch Deutschland wie „Kofferpacken" gespielt. Vorher wird vereinbart, durch welche Orte man reisen darf: z.B. durch Orte mit der gleichen Silbenzahl, mit dem gleichen Anfangsbuchstaben oder mit dem gleichen Akzentvokal (A: „Ich fahre nach Jena." B: „Ich fahre nach Jena und Dresden." C: „Ich fahre nach Jena, nach Dresden und nach Regensburg." D: …).

**Vorbereitung und Korrektur:**

- Die Mitspieler können die geografischen Namen (Hörbeispiel 28) *nach* dem Spiel hören, nachsprechen und die Rhythmusmuster klopfen/klatschen.
- Bei den Rätselfragen sollte der Spielleiter die Rhythmusmuster wiederholt vorsummen, vorklatschen, vorklopfen. Sobald der gesuchte Ort bekannt ist, nochmals abwechselnd mit Gestenbegleitung vorsprechen, vorklopfen etc.
- Ermuntern Sie die Mitspieler, dass sie die betonten Silben übertrieben aussprechen und mit Gesten begleiten.

**Hörbeispiel 28**

| | |
|---|---|
| ● | Trier |
| ●• | Münster, Dresden, München, Jena, Potsdam, Cottbus, Leipzig, Elbe, Ostsee |
| •● | Berlin, Schwerin |
| •●• | Saarbrücken, Hannover |
| ●•• | Regensburg, Bodensee |
| ●••• | Erzgebirge, Niedersachsen |
| ••●• | Ludwigshafen |

# Aufgaben A

**1.** ●● liegt im Westen Deutschlands | liegt in Nordrhein-Westfalen | liegt am Dortmund-Ems-Kanal
   → Markieren: 1. und 2. Buchstabe        (Lösung: **MÜ**NSTER)

**2.** ●● liegt im Nordosten Deutschlands | Spree und Havel fließen hindurch | ist ein Stadtstaat
   → Markieren: letzter Buchstabe         (Lösung: BERLI**N**)

**3.** ●●● liegt im Westen Deutschlands | liegt im Saarland | liegt an der Saar
   → Markieren: 8. Buchstabe         (Lösung: SAARBRÜ**C**KEN)

**4.** ●●● liegt im Norden Deutschlands | liegt in Niedersachsen | liegt an der Leine, am Mittellandkanal
   → Markieren: 1. Buchstabe         (Lösung: **H**ANNOVER)

**5.** ●●● liegt im Südosten Deutschlands | liegt in Bayern | liegt an der Donau
   → Markieren: 2. Buchstabe         (Lösung: R**E**GENSBURG)

**6.** ●● liegt im Osten Deutschlands | liegt in Sachsen | liegt an der Elbe
   → Markieren: letzter Buchstabe         (Lösung: DRESDE**N**)

Gesamtlösung: Die zusammengesetzten Buchstaben ergeben den Namen einer Stadt an der Isar, in der 1972 die Olympischen Sommerspiele stattgefunden haben. (Lösung: **MÜNCHEN**)

- - - - - - - - - - - - - - - - - - - - - - - - - - - - - - - - - - - - - - - - - - - - - - - - - - - - - - -

# Aufgaben B

**1.** ●●●● liegt im Südwesten Deutschlands | liegt in Rheinland-Pfalz | liegt am Rhein
   → Markieren: 1. Buchstabe         (Lösung: **L**UDWIGSHAFEN)

**2.** ●● liegt im Osten Deutschlands | liegt in Thüringen | liegt an der Saale
   → Markieren: 2. Buchstabe         (Lösung: J**E**NA)

**3.** ●● liegt im Norden Deutschlands | liegt in Mecklenburg-Vorpommern
   → Markieren: 7. Buchstabe         (Lösung: SCHWER**I**N)

**4.** ●● liegt im Osten Deutschlands | liegt in Brandenburg | liegt südlich von Berlin
   → Markieren: 1. Buchstabe         (Lösung: **P**OTSDAM)

**5.** ●●●● liegt im Osten Deutschlands | liegt an der Grenze zu Tschechien | ist ein Gebirge
   → Markieren: 3., 7. und vorletzter Buchstabe    (Lösung: ER**Z**GEB**IR**GE)

Gesamtlösung: Die zusammengesetzten Buchstaben ergeben den Namen einer Stadt, in der Johann Sebastian Bach bis zu seinem Tode 1750 wirkte. (Lösung: **LEIPZIG**)

**44 Aussprachespiele**
ISBN 978-3-12-675187-2
Alles Digitale auf **allango.net**

# Aufgaben C

**1.** ●•  liegt im Osten Deutschlands | liegt im Süden von Brandenburg | liegt an der Spree
→ Markieren: 2. Buchstabe                                      (Lösung: C**O**TTBUS)

**2.** ●•••  ist ein Bundesland | liegt im Nordwesten Deutschlands
→ Markieren: 7. Buchstabe                              (Lösung: NIEDER**S**ACHSEN)

**3.** ●  liegt im Westen Deutschlands | liegt im Westen von Rheinland-Pfalz | liegt an der Mosel
→ Markieren: 1. Buchstabe                                      (Lösung: **T**RIER)

**4.** ●••  liegt im Süden Deutschlands | liegt an der Grenze zwischen Deutschland, Österreich und der Schweiz | liegt bei Konstanz
→ Markieren: 6. Buchstabe                              (Lösung: BODEN**S**EE)

**5.** ●•  fließt durch Hamburg und Dresden | kommt aus Tschechien
→ Markieren: 1. und letzter Buchstabe                        (Lösung: **E**LB**E**)

Gesamtlösung: Die zusammengesetzten Buchstaben ergeben den Namen eines Binnenmeeres im Nordosten Deutschlands (Lösung: **OSTSEE**).

**44 Aussprachespiele**
ISBN 978-3-12-675187-2
Alles Digitale auf **allango.net**

**44 Aussprachespiele**
ISBN 978-3-12-675187-2
Alles Digitale auf **allango.net**

**10 – 30 min**

# 23 | Höhe-Punkte beim Essen

**Phonetik-Thema:** Wortakzentuierung, emotionale Sprechweise

**Mitspieler:**

- 3 bis 8; für größere Gruppen muss die Anzahl der Begriffe erhöht werden; es kann in mehreren Gruppen parallel gespielt werden

**Vorbereitung/Material:**

- pro Mitspieler eine Wörtertafel kopieren

**Spielverlauf:**

Jeder Mitspieler bekommt eine Wörtertafel. Ein Mitspieler beginnt mit dem Satz: „Ich esse gern …" (oder: „Ich esse nicht gern …", „Ich esse am liebsten …", „Ich esse nie …") und summt/brummt oder klatscht/klopft den Rhythmus eines beliebigen Wortes von der Wörtertafel. Die akzentuierte Silbe ist dabei laut, die nichtakzentuierten Silben sind leise.

**Beispiel:** „Ich esse gerne Hm-**Hm**-Hm." (To**ma**ten)

Alle schauen auf ihre Wörtertafel und raten, wie das Wort heißt. Da es mehrere Möglichkeiten für ein Akzentmuster geben kann, entscheidet der jeweilige Mitspieler, ob es das richtige Wort ist. Wer das Wort zuerst erraten hat, ist als Nächstes dran. Die Begriffe können beliebig oft verwendet werden.

*Möglichkeit 1:* Es gibt keinen Gewinner. Ziel ist der Spaß am Summen, Brummen, Klopfen usw.
*Möglichkeit 2:* Der Spielleiter zählt mit. Gewonnen hat, wer die meisten Begriffe erraten hat.

**Spielvarianten und weitere Übungsmöglichkeiten:**

- Es kann mit der Melodie gezeigt werden, ob man die Speise mag oder nicht (emotionale Sprechweise). Dabei können die Begriffe gebrummt, gesummt oder auch gesprochen werden.
- Nach der Spielidee von „Kofferpacken" kann „Tischdecken" gespielt werden – es können auch neue Begriffe verwendet werden.
- Die Wörtertafel kann in Kärtchen zerschnitten werden, die Mitspieler ziehen der Reihe nach Kärtchen und summen/brummen oder klatschen/klopfen das Wort, die anderen müssen es erraten (mit oder ohne Wörtertafel als Vorlage).
- Es werden Wörtertafeln mit Getränken angefertigt (*Kirschsaft, Bananenmilch, Likör, …*). Dann muss man sagen: „Ich trinke gern/nicht gern …"
- Es können Wörtertafeln zu anderen Themen (Freizeit, Geburtstagswünsche, Ortsnamen in Deutschland usw.) angefertigt werden.
- Die Wörter werden nach Akzentvokalen geordnet, z.B. *Kuchen, Nudeln, …* und weitere Lebensmittel werden ergänzt.
- Es kann eine Einkaufsliste gemacht und Einkaufen gespielt werden, z.B.: „Ich möchte ein Paprikahuhn, ein Schokoladeneis und zwei Tafeln Schokolade."
- Ein Mitspieler diktiert der Gruppe eine Einkaufsliste. Wer hat alles richtig verstanden und aufgeschrieben? Mehrmaliges Nachfragen ist erlaubt.

**Vorbereitung und Korrektur:**

- Die Mitspieler können vor dem Spiel die Wörter (Hörbeispiel 29) hören und nachsprechen.
- Ermutigen Sie die Mitspieler dazu, die betonte Silbe ganz laut und deutlich zu sprechen und mit Gesten zu unterstützen (Dirigieren mit der Hand, den ganzen Körper einbeziehen). Konzentrieren Sie sich auf die Hauptakzentsilbe, Nebenakzente werden hier nicht geübt.
- Wenn es Schwierigkeiten beim Erraten des Wortes gibt, fordern Sie die Mitspieler zum wiederholten Brummen/Summen auf.

**Hörbeispiel 29**

### 29/1

| ●• | Müsli, Nudeln, Bratwurst, Milchreis, Kuchen, Rotkraut, Kirschen, Pudding |
| •● | Salat, Spinat |
| ●•• | Quarkkuchen, Paprika, Fleischsalat, Blumenkohl, Brathähnchen, Kirschkompott, Erdbeeren |
| •●• | Salami, Spaghetti, Gemüse, Tomaten, Kartoffeln, Bananen, Pralinen |
| ●••• | Nudelsuppe, Käsebrötchen, Apfelkuchen, Sahnetorte, Gurkensalat, Paprikahuhn |
| ••●• | Apfelsinen, Schokolade, Konfitüre |

### 29/2

| •●•• | Kartoffelbrei |
| •●••• | Kartoffelsalat, Johannisbeeren, Vanillepudding, Kartoffelsuppe, Gemüsesuppe |
| ••●•• | Schokoladeneis |
| ••●••• | Schokoladenpudding |
| •●•••• | Vanillequarkspeise, Johannisbeerkuchen |
| •●••••• | Orangenmarmelade |
| ••●•••• | Marzipanschokolade |

| | | | | |
|---|---|---|---|---|
| **Müsli** ●· | **Nudeln** ●· | **Bratwurst** ●· | **Milchreis** ●· | **Kuchen** ●· |
| **Rotkraut** ●· | **Kirschen** ●· | **Pudding** ●· | **Salat** ·● | **Spinat** ·● |
| **Quarkkuchen** ●·· | **Paprika** ●·· | **Fleischsalat** ●·· | **Blumenkohl** ●·· | **Brathähnchen** ●·· |
| **Kirschkompott** ●·· | **Erdbeeren** ●·· | **Salami** ·●· | **Spaghetti** ·●· | **Gemüse** ·●· |
| **Tomaten** ·●· | **Kartoffeln** ·●· | **Bananen** ·●· | **Pralinen** ·●· | **Nudelsuppe** ●··· |
| **Käsebrötchen** ●··· | **Apfelkuchen** ●··· | **Sahnetorte** ●··· | **Gurkensalat** ●··· | **Paprikahuhn** ●··· |
| **Apfelsinen** ··●· | **Schokolade** ··●· | **Konfitüre** ··●· | **Kartoffelbrei** ·●·· | **Kartoffelsalat** ·●··· |
| **Johannisbeeren** ·●··· | **Vanillepudding** ·●··· | **Kartoffelsuppe** ·●··· | **Gemüsesuppe** ·●··· | **Schokoladeneis** ··●·· |
| **Schokoladen-pudding** ··●···· | **Vanillequark-speise** ·●····· | **Johannisbeer-kuchen** ·●····· | **Orangen-marmelade** ·●······ | **Marzipan-schokolade** ··●···· |

**44 Aussprachespiele**
ISBN 978-3-12-675187-2
Alles Digitale auf **allango.net**

# 24 | Stimmt denn das?

**Phonetik-Thema:** Wortgruppenakzentuierung, Rhythmus, emotionale Sprechweise

**Mitspieler:**
- 2 bis 8

**Vorbereitung/Material:**
- falsche Aussagen einmal kopieren und auseinanderschneiden

5–10 min

**Spielverlauf:**
Jeder Mitspieler bekommt die gleiche Anzahl Kärtchen mit falschen Aussagen. Ein Mitspieler beginnt und liest eine falsche Aussage vor. Er spricht dabei sehr nachdrücklich und betont das fett gedruckte Wort besonders, z.B.: „Wien ist die Hauptstadt von **Deutschland**."

Dann wählt er einen Mitspieler, der die Aussage berichtigen soll. Dieser muss bei der Berichtigung ebenso nachdrücklich sprechen und das wichtige Wort betonen, das den Widerspruch bezeichnet, z.B.: „Nein, Wien ist die Hauptstadt von **Österreich**." Danach darf er eine Aussage von seinen Kärtchen vorlesen usw.

*Möglichkeit 1:* Gewinner ist, wer nach Ende des Spiels die wenigsten Kärtchen übrig hat.
*Möglichkeit 2:* Es gibt keinen Gewinner. Ziel ist der Spaß am Spiel.

**Spielvarianten und weitere Übungsmöglichkeiten:**
- Die Mitspieler schreiben selbst falsche Behauptungen auf Kärtchen. Diese Kärtchen werden für das Spiel verwendet.
- Das Spiel kann auch so gespielt werden, dass es Kärtchen mit wahren und falschen Behauptungen gibt, auf die die Mitspieler reagieren müssen. Ist die Behauptung richtig, lautet die Antwort z.B.: „Ja, Wien ist die Hauptstadt von **Österreich**." Ist die Behauptung falsch, lautet die Antwort: „Nein, Wien ist die Hauptstadt von **Österreich**."
- Die Wörter aus den Sätzen werden nach Akzentvokalen geordnet, z.B. kurzer A-Laut: *kalt, kann, man, Ball, Elefant, …*
- Es wird eine emotionale Unterhaltung geführt, z.B. A: „Eis ist heiß?" – B: „Wie bitte? Eis ist kalt!" – A: „Ich weiß. – Eis ist heiß." – B: „Nie im Leben! Du spinnst!" – A: …

**Vorbereitung und Korrektur:**
- Die Mitspieler können die Lügen und Berichtigungen (Hörbeispiel 30) *nach* dem Spiel hören und nachsprechen.
- Ermuntern Sie die Mitspieler dazu, besonders nachdrücklich zu sprechen und dabei die markierten Wörter zu betonen und mit Gesten zu begleiten.

**Lösungen:**

(1) Wien ist die Hauptstadt von *Österreich*.

(2) Eis ist *kalt*.

(3) Ein Fahrrad hat *zwei* Räder.

(4) Ananas und Bananen sind *Obst*.

(5) Im Kino kann man *Filme anschauen*.

(6) Am Nordpol ist es *kalt*.

(7) Der Himmel ist *blau*.

(8) Mit einem Bus kann man *fahren*.

(9) Unsere Lehrerin ist eine *Frau*.

(10) Zitronen sind *sauer*.

(11) Elefanten sind *groß*.

(12) In der Nacht scheint *der Mond*.

(13) Gras ist *grün*.

(14) Ein Ball ist *rund*.

(15) Ein Haifisch kann *schwimmen*.

(16) Katzen *miauen*.

(17) Flusspferde sind *schwer*.

(18) Zwei plus zwei ist *vier*.

(19) Katzen haben ein *Fell*.

(20) Ein Auto hat vier *Räder*.

(21) Fische leben *im Wasser/im Meer/im Fluss*.

(22) Beethoven war *ein Musiker/ein Komponist*.

(23) Bienen sammeln *Honig*.

(24) Tannen haben *Nadeln*.

(25) Mit einer Waschmaschine kann man *waschen*.

(26) Mit einem Besen kann man *kehren*.

**Hörbeispiel 30**

**30/1**

Wien ist die Hauptstadt von Deutschland. – Nein! Wien ist die Hauptstadt von Österreich.
Eis ist heiß. – Nein! Eis ist kalt.
Ein Fahrrad hat vier Räder. – Nein! Ein Fahrrad hat zwei Räder.
Ananas und Bananen sind Gemüse. – Nein! Ananas und Bananen sind Obst.
Im Kino kann man tanzen. – Nein! Im Kino kann man Filme anschauen.
Am Nordpol ist es warm. – Nein! Am Nordpol ist es kalt.
Der Himmel ist grün. – Nein! Der Himmel ist blau.
Mit einem Bus kann man fliegen. – Nein! Mit einem Bus kann man fahren.

**30/2**

Unsere Lehrerin ist ein Kind. – Nein! Unsere Lehrerin ist eine Frau.
Zitronen sind süß. – Nein! Zitronen sind sauer.
Elefanten sind klein. – Nein! Elefanten sind groß.
In der Nacht scheint die Sonne. – Nein! In der Nacht scheint der Mond.
Gras ist blau. – Nein! Gras ist grün.
Ein Ball ist eckig. – Nein! Ein Ball ist rund.
Ein Haifisch kann laufen. – Nein! Ein Haifisch kann schwimmen.
Katzen bellen. – Nein! Katzen miauen.
Flusspferde sind leicht. – Nein! Flusspferde sind schwer.
Zwei plus zwei ist fünf. – Nein! Zwei plus zwei ist vier.

**30/3**

Katzen haben Federn. – Nein! Katzen haben ein Fell.
Ein Auto hat vier Beine. – Nein! Ein Auto hat vier Räder.
Fische leben auf Bäumen. – Nein! Fische leben im Wasser.
Beethoven war ein Maler. – Nein! Beethoven war ein Musiker.
Bienen sammeln Pilze. – Nein! Bienen sammeln Honig.
Tannen haben Blätter. – Nein! Tannen haben Nadeln.
Mit einer Waschmaschine kann man fernsehen. – Nein! Mit einer Waschmaschine kann man waschen.
Mit einem Besen kann man fliegen. – Nein! Mit einem Besen kann man kehren.

1 Wien ist die Hauptstadt von **Deutschland**.

2 Eis ist **heiß**.

3 Ein Fahrrad hat **vier** Räder.

4 Ananas und Bananen sind **Gemüse**.

5 Im Kino kann man **tanzen**.

6 Am Nordpol ist es **warm**.

7 Der Himmel ist **grün**.

8 Mit einem Bus kann man **fliegen**.

9 Unsere Lehrerin ist ein **Kind**.

10 Zitronen sind **süß**.

11 Elefanten sind **klein**.

12 In der Nacht scheint die **Sonne**.

13 Gras ist **blau**.

14 Ein Ball ist **eckig**.

15 Ein Haifisch kann **laufen**.

16 Katzen **bellen**.

17 Flusspferde sind **leicht**.

18 Zwei plus zwei ist **fünf**.

19 Katzen haben **Federn**.

20 Ein Auto hat vier **Beine**.

21 Fische leben auf **Bäumen**.

22 Beethoven war ein **Maler**.

23 Bienen sammeln **Pilze**.

24 Tannen haben **Blätter**.

25 Mit einer Waschmaschine kann man **fernsehen**.

26 Mit einem Besen kann man **fliegen**.

**44 Aussprachespiele**
ISBN 978-3-12-675187-2
Alles Digitale auf **allango.net**

# 25 | Text-Labyrinth

**20 – 30 min**

**Phonetik-Thema:** E-Laute, Rhythmus, Textgliederung, Melodie, emotionale Sprechweise

**Mitspieler:**
- 4 bis 16; es kann in mehreren Gruppen parallel gespielt werden

**Vorbereitung/Material:**
- pro Mitspieler je ein Labyrinth kopieren
- pro Gruppe je einen der Texte (1–4) kopieren
- Vorlage für Spielleiter einmal kopieren

**Spielverlauf:**
Jeder Mitspieler bekommt ein Labyrinth. Der Spielleiter liest pro Durchgang (I–VIII) drei Wörter mit langem oder kurzem E-Laut in festgelegter Reihenfolge vor (s. Vorlage für Spielleiter). Die Mitspieler entscheiden bei jedem Wort, ob es einen kurzen oder langen Akzentvokal hat (z.B. w_en = LANG oder d_enn = KURZ) und wählen so den richtigen Weg im Labyrinth. Bei jedem Durchgang schreiben die Mitspieler die Zahl des richtigen Tores (1–8) in die Tabelle. Dann erst teilt der Spielleiter die Texte aus – je 3 bis 4 Mitspieler erhalten als Gruppe einen Text. Die Mitspieler müssen die Textzeilen nun in der Reihenfolge, die in der Tabelle steht, sortieren.

**Beispiel** (für Durchgang I): 1. Wort: B_ernd = KURZ; 2. Wort: B_etti = KURZ; 3. Wort: P_eter = LANG
→ Es wird Tornummer 7 erreicht, der Text beginnt also mit Zeile (7): *Peter geht in ein ...* (Text 1)

Die Mitspieler schreiben den Text in der richtigen Reihenfolge auf und ergänzen anschließend die Satzzeichen. Ein Mitspieler aus jeder Gruppe liest den Text vor.

*Möglichkeit 1:* Es gibt keinen Gewinner. Ziel ist der Spaß am Spiel.
*Möglichkeit 2:* Es wird eine Jury gewählt, die Punkte für den Textvortrag vergibt. Gewinner ist, wer den Text am besten vorgetragen hat.

**Spielvarianten und weitere Übungsmöglichkeiten:**
- Die E-Laute (kurz – lang) werden in den Texten markiert und die Wörter einzeln vorgelesen.
- Die Texte werden verändert, z.B. andere Namen mit E-Lauten eingesetzt, z.B. *Emil, Petra, Hedwig, ...*
- Für das Labyrinth können andere Wörter ausgewählt werden, auch zu anderen Akzentvokal-Kontrasten (z.B. lange und kurze O-Laute, I-Laute).
- Sie können andere Texte verwenden, z.B. Gedichte, Dialoge, längere Prosatexte usw. Die Texte können auch satzweise auseinandergeschnitten werden (bzw. strophenweise bei Gedichten). Das ist für die Mitspieler einfacher, denn es müssen nicht zusätzlich Satzzeichen ergänzt werden.
- Die Texte können unterschiedlich vorgelesen werden, z.B. schnell, langsam, laut, leise, ... Sie können dazu Kärtchen mit Sprechanweisungen erstellen.

**Vorbereitung und Korrektur:**

- Es ist gut, wenn die Mitspieler das Spiel 5 „Der richtige Ausgang – Vokallabyrinth" schon kennen.
- Die Mitspieler können die Wörter (Hörbeispiel 31) vor dem Spiel hören und nachsprechen sowie dabei mit Gesten zeigen, ob der Akzentvokal lang oder kurz ist.
- Nach dem Spiel können die Mitspieler die Texte (Hörbeispiel 32) hören und nachsprechen.
- Wenn das falsche Tor erreicht wird, sprechen Sie die Wörter noch einmal deutlich in der genannten Reihenfolge vor und kontrollieren Sie gemeinsam mit den Mitspielern den Weg.
- Beim Sortieren des Textes können Sie von Gruppe zu Gruppe gehen und die Lerner ggf. beraten.

**Lösung:**

| Durchgang | I | II | III | IV | V | VI | VII | VIII |
|---|---|---|---|---|---|---|---|---|
| Tornummer/ Reihenfolge der Zeilen | 7 | 1 | 4 | 5 | 2 | 6 | 3 | 8 |

**Text 1:**

(7) Peter geht in ein (1) Geschäft. Er fragt den (4) Verkäufer: „Sind die Erdbeeren (5) aus Deutschland oder aus (2) Spanien?" Der Verkäufer sagt: „Sie (6) haben ja Probleme. Wollen Sie (3) mit den Erdbeeren reden oder (8) wollen Sie sie essen?"

**Text 2:**

(7) „Wörter, die mit der (1) Vorsilbe *un-* anfangen, (4) haben immer eine negative (5) Bedeutung. Wer weiß ein (2) Beispiel?" „Unkraut!" (6) ruft Eva. „Unfug!" schreit (3) Bernd. „Ungetüm" sagt Eva. (8) „Unterricht!" ruft Petra.

**Text 3:**

(7) Emil hat in der Schule zehn (1) Tage gefehlt. Am elften Tag (4) bringt er die Entschuldigung für (5) seine Lehrerin mit. Da steht: Hiermit (2) entschuldige ich das Fehlen (6) meines Sohnes in der Schule. Er (3) war sehr krank (8). Hochachtungsvoll, meine Mutter.

**Text 4:**

(7) Der Lehrer sagt: „Die (1) Klasse ist so schlecht (4) im Rechnen, dass (5) sicher sechzig Prozent dieses Jahr (2) durchfallen werden." (6) Felix ruft: „Aber (3) so viele sind wir (8) doch gar nicht!"

**Hörbeispiel 31 und 32**

**Hörbeispiel 31**

**31/1**

**Wörter**
*kurz:* Bernd, Betti, Essig, Pfeffer, Zelt, Wetter, Becher, Messer, Teller, Heft, Zettel, denn

**31/2**

*lang:* Peter, reden, sehen, gehen, Mehl, Nebel, Regen, Meer, See, wen, Wesen, Lesebuch

**Hörbeispiel 32**

**32/1**

**Text 1**
Peter geht in ein Geschäft. Er fragt den Verkäufer: „Sind die Erdbeeren aus Deutschland oder aus Spanien?" Der Verkäufer sagt: „Sie haben ja Probleme. Wollen Sie mit den Erdbeeren reden oder wollen Sie sie essen?"

**32/2**

**Text 2**
„Wörter, die mit der Vorsilbe *un-* anfangen, haben immer eine negative Bedeutung. Wer weiß ein Beispiel?" „Unkraut!" ruft Eva. „Unfug!" schreit Bernd. „Ungetüm" sagt Eva. „Unterricht!" ruft Petra.

**32/3**

**Text 3**
Emil hat in der Schule zehn Tage gefehlt. Am elften Tag bringt er die Entschuldigung für seine Lehrerin mit. Da steht: Hiermit entschuldige ich das Fehlen meines Sohnes in der Schule. Er war sehr krank. Hochachtungsvoll, meine Mutter.

**32/4**

**Text 4**
Der Lehrer sagt: „Die Klasse ist so schlecht im Rechnen, dass sicher sechzig Prozent dieses Jahr durchfallen werden." Felix ruft: „Aber so viele sind wir doch gar nicht!"

# Vorlage für Spielleiter

Lesen Sie bei jedem Durchgang (I–VIII) die Wörter 1 bis 3 vor (Mitspieler sehen die Wörter nicht).

| Durchgang | Wort 1 | Wort 2 | Wort 3 | Lösung |
|-----------|--------|--------|--------|--------|
| I | Bernd | Betti | Peter | Tor 7 |
| II | reden | sehen | gehen | Tor 1 |
| III | Mehl | Essig | Pfeffer | Tor 4 |
| IV | denn | wen | Wesen | Tor 5 |
| V | Meer | See | Zelt | Tor 2 |
| VI | Heft | Lesebuch | Zettel | Tor 6 |
| VII | Nebel | Wetter | Regen | Tor 3 |
| VIII | Becher | Messer | Teller | Tor 8 |

**44 Aussprachespiele**
ISBN 978-3-12-675187-2
Alles Digitale auf allango.net

# Text-Labyrinth

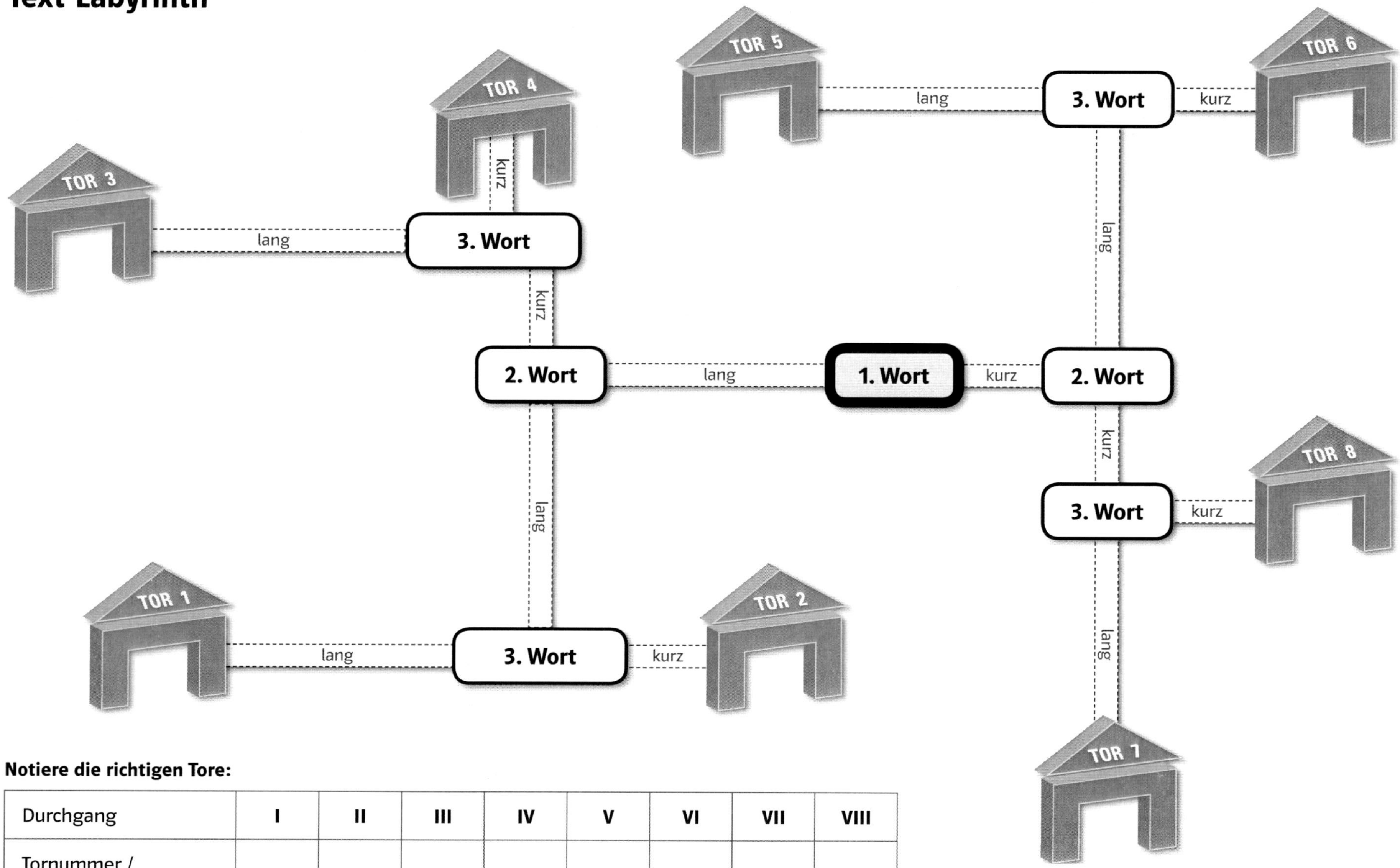

TOR 6 — kurz — **3. Wort** — lang — **2. Wort** — kurz — **3. Wort** — lang — TOR 1

TOR 8 — kurz — **3. Wort**

**3. Wort** — lang — TOR 5

**2. Wort** — kurz — **1. Wort** — lang — **2. Wort**

**1. Wort** — kurz (zu 2. Wort)

TOR 4 — kurz — **3. Wort** — kurz — **2. Wort** — lang — **3. Wort**

**3. Wort** — lang — TOR 3

**3. Wort** — lang — TOR 1

**2. Wort** — kurz — TOR 2

## Notiere die richtigen Tore:

| Durchgang | I | II | III | IV | V | VI | VII | VIII |
|---|---|---|---|---|---|---|---|---|
| Tornummer / Reihenfolge der Zeilen | | | | | | | | |

Spiel 25

**44 Aussprachespiele**
ISBN 978-3-12-675187-2
Alles Digitale auf **allango.net**

## Text 1

1 GESCHÄFT ER FRAGT DEN

2 SPANIEN DER VERKÄUFER SAGT SIE

3 MIT DEN ERDBEEREN REDEN ODER

4 VERKÄUFER SIND DIE ERDBEEREN

5 AUS DEUTSCHLAND ODER AUS

6 HABEN JA PROBLEME WOLLEN SIE

7 PETER GEHT IN EIN

8 WOLLEN SIE SIE ESSEN

## Text 2

1 VORSILBE *UN-* ANFANGEN

2 BEISPIEL „UNKRAUT!"

3 BERND „UNGETÜM" SAGT EVA.

4 HABEN IMMER EINE NEGATIVE

5 BEDEUTUNG WER WEISS EIN

6 RUFT EVA „UNFUG!" SCHREIT

7 WÖRTER DIE MIT DER

8 „UNTERRICHT!" RUFT PETRA

## Text 3

1 TAGE GEFEHLT AM ELFTEN TAG

2 ENTSCHULDIGE ICH DAS FEHLEN

3 WAR SEHR KRANK

4 BRINGT ER DIE ENTSCHULDIGUNG FÜR

5 SEINE LEHRERIN MIT DA STEHT HIERMIT

6 MEINES SOHNES IN DER SCHULE ER

7 EMIL HAT IN DER SCHULE ZEHN

8 HOCHACHTUNGSVOLL MEINE MUTTER

## Text 4

1 KLASSE IST SO SCHLECHT

2 DURCHFALLEN WERDEN

3 SO VIELE SIND WIR

4 IM RECHNEN DASS

5 SICHER SECHZIG PROZENT DIESES JAHR

6 FELIX RUFT ABER

7 DER LEHRER SAGT DIE

8 DOCH GAR NICHT

**44 Aussprachespiele**
ISBN 978-3-12-675187-2
Alles Digitale auf **allango.net**

# 26 | Immer die richtige Antwort!?

**Phonetik-Thema:** Satzakzentuierung, Rhythmus, steigende Melodie in Entscheidungsfragen, emotionale Sprechweise

** **
bis
** **

10–20 min

**Mitspieler:**

- 4 bis 16

**Vorbereitung/Material:**

- Frage- und Antwortkarten kopieren und auseinanderschneiden, getrennt mischen und auf je einen Stapel legen (verdeckt)

**Spielverlauf:**

Es werden zwei Gruppen gebildet, jeder Mitspieler aus der ersten Gruppe zieht ein Fragekärtchen, jeder Mitspieler aus der zweiten Gruppe ein Antwortkärtchen. Nun liest der erste Mitspieler seine Frage vom Fragekärtchen vor und bestimmt, welcher Mitspieler sein Antwortkärtchen vorlesen darf. Dieser bestimmt, wer die nächste Frage vorlesen soll usw. Es sollte immer genug Zeit zum Lachen gegeben werden.

**Beispiel:**

Frage: „Willst du mich heiraten?" – Antwort: „Da musst du meine Mutti fragen."

**Spielvarianten und weitere Übungsmöglichkeiten:**

- Ein Mitspieler bekommt eine Fragekarte und bestimmt, wer eine Antwortkarte ziehen darf.
- Die Mitspieler können nach diesem Muster selbst ein Spiel basteln und spielen.
- Die Sätze können in verschiedenen Emotionen gesprochen, z.B. verwundert, fröhlich, ironisch etc. Erstellen Sie dafür Kärtchen mit Sprechanweisungen.
- Es wird mit den Sätzen eine Unterhaltung geführt, z.B. A: „Putzt du dir immer die Zähne?" – B: „Da musst du meine Mutti fragen." – A: „Wie heißt denn deine Mutti? Wo wohnt sie?" – B: …

**Vorbereitung und Korrektur:**

- Nach dem Spiel können die Mitspieler eine Auswahl möglicher Satzpaare (Hörbeispiel 33) hören und nachsprechen, dabei mit Gesten die steigende oder fallende Melodie anzeigen.
- Ermuntern Sie die Mitspieler, die betonte Silbe besonders laut und deutlich zu sprechen und mit Gesten zu begleiten (Klatschen, Klopfen, …).

**33/1**

Isst du gern Süßigkeiten! ↗ – Das sage ich dir nicht. ↘
Lügst du manchmal? ↗ – Dazu bin ich zu faul. ↘
Putzt du dir immer die Zähne? ↗ – Da musst du meine Mutti fragen. ↘
Hast du Zeit für mich? ↗ – Jeden Tag dreimal. ↘
Willst du mich heiraten? ↗ – Seit meinem 5. Geburtstag. ↘
Möchtest du zum Mond fliegen? ↗ – Heute nicht. ↘
Liebst du Tiere? ↗ – Ja, in der Badewanne. ↘
Schreibst du bei Klausuren ab? ↗ – Dreimal darfst du raten. ↘
Bist du verliebt? ↗ – Ständig! ↘
Bist du immer lieb? ↗ – Diese Frage ärgert mich. ↘

**33/2**

Bist du sparsam? ↗ – Nur wenn ich bade. ↘
Bist du fleißig? ↗ – Ich will es mir abgewöhnen. ↘
Machst du oft Dummheiten? ↗ – Nur in der Nacht. ↘
Bist du neugierig? ↗ – Natürlich. ↘
Passt du gut auf in der Schule? ↗ – Das kann mir nicht passieren. ↘
Hast du Angst vor dem Zahnarzt? ↗ – Nur sonntags. ↘
Möchtest du berühmt werden? ↗ – Frag mich bitte morgen noch mal. ↘
Kannst du auf den Händen laufen? ↗ – Nur im Winter. ↘
Ist dein Hals sauber? ↗ – Ab und zu. ↘
Hast du Angst vor Mäusen? ↗ – So eine dumme Frage. ↘

**33/4**

Bist du ein Langschläfer? ↗ – Ich kann nichts dafür. ↘
Träumst du von mir? ↗ – Immer wenn es regnet. ↘
Hast du saubere Fingernägel? ↗ – Wenn es sein muss. ↘
Schreibst du oft Liebesbriefe? ↗ – Nur in den Ferien. ↘
Darf ich dich küssen? ↗ – Das muss ich mir erst mal überlegen. ↘
Kannst du singen? ↗ – Nur bei 30 Grad im Schatten. ↘
Isst du gern Fisch? ↗ – Das kann schon sein. ↘
Kannst du auf dem Kopf stehen? ↗ – Spaß muss sein. ↘
Kannst du tanzen? ↗ – Vielleicht morgen wieder. ↘
Gehst du gern ins Kino? ↗ – So eine dumme Frage. ↘

**33/5**

Isst du gern Pudding? ↗ – Mir fällt keine Antwort ein. ↘
Kannst du Klavier spielen? ↗ – Wenn es niemand sieht. ↘
Fürchtest du dich vor Gewitter? ↗ – Sei nicht so neugierig. ↘
Kannst du Geige spielen? ↗ – Wenn ich krank bin. ↘
Sprichst du im Schlaf? ↗ – Nur wenn ich Hunger habe. ↘
Magst du weiße Mäuse? ↗ – Ich trinke lieber Milch. ↘
Kannst du schwimmen? ↗ – Ein Schokoladeneis ist mir lieber. ↘
Magst du klassische Musik? ↗ – Immer im Flugzeug. ↘
Isst du immer deinen Teller leer? ↗ – Bei mir ist nichts unmöglich. ↘
Ärgerst du deinen Lehrer? ↗ – Danke, mir reicht's. ↘

# Fragekärtchen

# Antwortkärtchen

| | | | |
|---|---|---|---|
| **Isst du gern Süßigkeiten!** ↗ | **Lügst du manchmal?** ↗ | **Ich will es mir abgewöhnen.** ↘ | **Ja, in der Badewanne.** ↘ |
| **Putzt du dir immer die Zähne?** ↗ | **Hast du Zeit für mich?** ↗ | **Dazu bin ich zu faul.** ↘ | **Ständig!** ↘ |
| **Willst du mich heiraten?** ↗ | **Möchtest du zum Mond fliegen?** ↗ | **Das kann schon sein.** ↘ | **Da musst du meine Mutti fragen.** ↘ |
| **Liebst du Tiere?** ↗ | **Schreibst du bei Klausuren ab?** ↗ | **Nur im Winter.** ↘ | **Spaß muss sein.** ↘ |
| **Bist du sparsam?** ↗ | **Bist du verliebt?** ↗ | **Mir fällt keine Antwort ein.** ↘ | **Das kann mir nicht passieren.** ↘ |
| **Machst du oft Dummheiten?** ↗ | **Bist du immer lieb?** ↗ | **Das sage ich dir nicht.** ↘ | **Diese Frage ärgert mich.** ↘ |
| **Passt du gut auf in der Schule?** ↗ | **Bist du neugierig?** ↗ | **Immer wenn es regnet.** ↘ | **Ich trinke lieber Milch.** ↘ |
| **Bist du fleißig?** ↗ | **Hast du Angst vor dem Zahnarzt?** ↗ | **Wenn es niemand sieht.** ↘ | **Jeden Tag dreimal.** ↘ |
| **Kannst du auf den Händen laufen?** ↗ | **Möchtest du berühmt werden?** ↗ | **Heute nicht.** ↘ | **Wenn ich krank bin.** ↘ |
| **Hast du Angst vor Mäusen?** ↗ | **Ist dein Hals sauber?** ↗ | **Nur in den Ferien.** ↘ | **Das muss ich mir erst mal überlegen.** ↘ |

**44 Aussprachespiele**
ISBN 978-3-12-675187-2
Alles Digitale auf **allango.net**

# Fragekärtchen

## Antwortkärtchen

| | | | |
|---|---|---|---|
| Hast du saubere Fingernägel? ↗ | Bist du ein Langschläfer? ↗ | Nur wenn ich Hunger habe. ↘ | Ein Schokoladeneis ist mir lieber. ↘ |
| Darf ich dich küssen? ↗ | Schreibst du oft Liebesbriefe? ↗ | Danke, mir reicht's. ↘ | Vielleicht morgen wieder. ↘ |
| Kannst du singen? ↗ | Isst du gern Fisch? ↗ | Ab und zu. ↘ | So eine dumme Frage. ↘ |
| Träumst du von mir? ↗ | Kannst du auf dem Kopf stehen? ↗ | Bei mir ist nichts unmöglich. ↘ | Dreimal darfst du raten. ↘ |
| Gehst du gern ins Kino? ↗ | Kannst du tanzen? ↗ | Nur in der Nacht. ↘ | Nur sonntags. ↘ |
| Magst du klassische Musik? ↗ | Kannst du Geige spielen? ↗ | Seit meinem 5. Geburtstag. ↘ | Sei nicht so neugierig. ↘ |
| Kannst du Klavier spielen? ↗ | Fürchtest du dich vor Gewitter? ↗ | Natürlich. ↘ | Nur bei 30 Grad im Schatten. ↘ |
| Magst du weiße Mäuse? ↗ | Ärgerst du deinen Lehrer? ↗ | Nur im Garten. ↘ | Ich kann nichts dafür. ↘ |
| Isst du immer deinen Teller leer? ↗ | Kannst du schwimmen? ↗ | Wenn es sein muss. ↘ | Immer im Flugzeug. ↘ |
| Sprichst du im Schlaf? ↗ | Isst du gern Pudding? ↗ | Nur wenn ich bade. ↘ | Frag mich bitte morgen noch mal. ↘ |

# 27 | Geschichten-Werkstatt

**Phonetik-Thema:** Ich-, Ach- und Sch-Laute

**Mitspieler:**

- mindestens 5

**Vorbereitung/Material:**

- viele leere Zettel und ein dicker Farbstift zum Notieren der Wörter

10 – 30 min

**Spielverlauf:**

Die Mitspieler denken sich gemeinsam Wörter aus, die einen Ich-Laut, Ach-Laut oder einen Sch-Laut enthalten, und rufen sie dem Spielleiter zu. Der Spielleiter schreibt sie in gut lesbarer großer Schrift einzeln auf die leeren Zettel, z.B. *Küche, kochen, Eichhörnchen, Spiegel,* ... Es sollte darauf geachtet werden, dass möglichst verschiedene Wortarten genannt werden. Der Spielleiter entscheidet, wann genügend Wörter gesammelt worden sind und verrät erst dann den Zweck dieser Begriffe. Er stellt zwei Geschichtenanfänge zur Auswahl. Die Gruppe darf wählen, ob sie die Geschichte „Es war einmal ein kleines Mädchen ..." oder „Acht Einbrecher planen einen Einbruch" gemeinsam erzählen möchte. Ein Mitspieler bekommt die gut gemischten Zettel mit den Wörtern. Nacheinander zeigt er nun einem beliebigen Mitspieler jeweils einen Zettel mit einem Wort. Dieser Mitspieler muss mit dem Wort einen Satz bilden. Dann kommt der nächste Mitspieler an die Reihe und bildet den nächsten Satz mit dem nächsten Wort usw. Alle Sätze müssen die Geschichte weiterführen.

**Beispiel** (Geschichte „Es war einmal ein kleines Mädchen ..."):

Küche → „Ein kleines Mädchen saß allein in der Küche."

Eichhörnchen → „Vor dem Fenster spielte ein Eichhörnchen."

...

Mit dem letzten Zettel endet die Geschichte. Der Spielleiter kann – wenn nötig – noch einen guten Schluss hinzufügen oder als Hausaufgabe die Geschichte zu Ende schreiben lassen. Die Mitspieler sollen alle Ich- und Ach-Laute verschiedenfarbig unterstreichen. Die Geschichten werden beim nächsten Mal vorgelesen.

*Möglichkeit 1*: Es gibt keinen Gewinner. Ziel ist der Spaß am Geschichtenerzählen.
*Möglichkeit 2*: Eine Jury prämiert die lustigste oder die emotionalste Geschichte oder die Geschichte mit den meisten Ich- und Ach-Lauten usw.

**Spielvarianten und weitere Übungsmöglichkeiten:**

- Nach dem Muster können Geschichten mit anderen phonetischen Schwerpunkten (E-Laute, Ö- und Ü-Laute, R-Laute usw.) erzählt werden.
- Die Geschichten können ein anderes Thema haben, z.B. „Ein wichtiger Tag".
- Die gemeinsame Geschichte kann auch folgendermaßen erzählt werden:
  - Jeder Mitspieler muss so lange erzählen, wie das Wort hochgehalten wird. Erst wenn ein neues Kärtchen gezeigt wird, ist der Nächste dran.
  - Jeder Mitspieler entscheidet selbst, wie lange er reden möchte.

- Die Mitspieler bekommen vor dem Spiel die Hausaufgabe, aus Zeitungen und Zeitschriften Wörter auszuschneiden und aufzukleben (am besten aus Überschriften oder Schlagzeilen), die einen Ich-laut oder Ach-Laut oder einen Sch-Laut enthalten. Mit diesen Wörtern wird die Geschichte erzählt. Alternativ können Bilder ausgeschnitten werden – die Wörter dafür müssen aber die entsprechenden Laute beinhalten, z.B. *Milch, Schleife, Dach* ...

**Vorbereitung und Korrektur:**

- Notieren Sie sich eventuelle Fehler und üben Sie erst *nach* dem Spiel mit den Mitspielern. Während des Spiels erfolgt keine Fehlerkontrolle.

# 28 | Post? Woher? Von wem?

**Phonetik-Thema:** Akzentvokale

**Mitspieler:**

- 3 bis 5; es kann in mehreren Gruppen parallel gespielt werden

**Vorbereitung/Material:**

- pro Gruppe einmal Orts- und Namenskärtchen kopieren und auseinander-schneiden

5–10 min

- alternativ: Orts- und Namenskärtchen selbst basteln

**Spielverlauf:**

Orts- und Namenskärtchen getrennt mischen, die Kärtchen liegen verdeckt auf zwei Stapeln. Ein Mitspieler zieht von jedem Stapel ein Kärtchen, legt sie für alle sichtbar auf den Tisch und spricht die beiden Namen deutlich aus: z.B. „Gabi aus Aachen." Wenn beide Namen den gleichen Akzentvokal haben, bilden sie ein Paar, der Mitspieler sagt dann: „Ich habe Post von Gabi aus Aachen."

Wenn er kein Paar findet, bleiben die Karten aufgedeckt auf dem Tisch liegen, nun ist der linke Nachbar an der Reihe. Er deckt zwei Karten auf, liest die Namen und legt sie auf den Tisch. Um Paare zu finden, kann er auch die bereits aufgedeckten Karten verwenden. Der dritte Mitspieler deckt zwei weitere auf usw. Auf dem Tisch liegen immer mehr Karten, so dass die Chance immer größer wird, Paare zu finden. Wer an der Reihe ist, kann aus allen ausliegenden Kärtchen Paare bilden.

*Möglichkeit 1:* Wer die meisten Kärtchen hat, hat gewonnen.
*Möglichkeit 2:* Spaß am Spielen ohne Gewinner!

**Spielvarianten und weitere Übungsmöglichkeiten:**

- Memory: Alle Kärtchen liegen verdeckt auf dem Tisch, es müssen Paare gefunden werden, die den gleichen Akzentvokal haben (egal ob Ort oder Name).
- Die Karten werden beliebig auf die Mitspieler verteilt. Wenn jemand ein Paar hat, kann er es ablegen. Wer die meisten Karten hat, gibt eine an seinen linken Nachbarn. Der prüft, ob er ein Paar bilden kann, nennt die Namen und legt das Paar ab. Dann gibt er eine beliebige Karte an seinen linken Nachbarn usw. Wer die meisten Paare abgelegt hat, gewinnt.
- Paare mit gleichen Akzentvokalen können in anderen Sätzen verwendet werden, hier sollten noch mehr Wörter mit diesen Vokalen vorkommen, z.B. „Ich warte schon lange auf Gabi aus Aachen ..."

**Vorbereitung und Korrektur:**

- Die Mitspieler hören vor dem Spiel die Orts- und Personennamen (Hörbeispiel 34) mehrmals und sprechen sie nach, sie begleiten den Akzentvokal mit einer Handbewegung. Korrigieren Sie falsch ausgesprochene Namen und weisen Sie auf erkennbare Hinweise aus der Schreibung (doppelte Vokale/Konsonanten usw.) hin.
- Die Orts- und Personennamen können auch für eine Diktatübung verwendet werden.

### 34/1

**Ortsnamen**

Aachen, Basel, Graz, Klagenfurt, Hamburg, Kassel, Halle, Salzburg, Bremen, Gera, Jena, Dresden, Essen, Dessau, Bern, Wels, Wien, Siegen, Trier, Kiel, Linz, Binz, Innsbruck, Zwickau, Hof, Rosenheim, Bochum, Solingen, Bonn, Potsdam, Rostock, Cottbus, Ruhla, Chur, Zug, Kufstein, Fulda, Ulm, Stuttgart, Wuppertal, Rötha, Köthen, Göttingen, Köln, Lübeck, Tübingen, Mühlheim, Zürich, München, Nürnberg, Münster, Uelzen, Braunschweig, Naumburg, Augsburg, Bautzen, Freiburg, Mainz, Leipzig, Heidelberg, Reutlingen, Neustadt, Neuss, Teutschenthal

### 34/2

**Personennamen**

Gabi, Maren, Daniel, Marion, Anton, Karl, Susanne, Walter, Lea, Eva, Peter, Peer, Henning, Emma, Kerstin, Hellmut, Lina, Martina, Frieder, Mia, Lilli, Tim, Grit, Fritz, Thomas, Olaf, Lothar, Jonas, Tom, Holger, Jochen, Charlotte, Udo, Uta, Lukas, Julia, Justus, Gunnar, Gunter, Mustafa, Sören, Söhnke, Dörte, Björn, Thyra, Rüdiger, Günter, Jürgen, Paul, Laura, Klaus, Paula, Heike, Heidi, Rainer, Freya, Leuli, Zeus, Toivo, Eugen

# Ortsnamen

| | | | |
|---|---|---|---|
| Aachen | Basel | Graz | Klagenfurt |
| Hamburg | Kassel | Halle | Salzburg |
| Bremen | Gera | Jena | Dresden |
| Essen | Dessau | Bern | Wels |
| Wien | Siegen | Trier | Kiel |
| Linz | Binz | Innsbruck | Zwickau |
| Hof | Rosenheim | Bochum | Solingen |
| Bonn | Potsdam | Rostock | Cottbus |

**44 Aussprachespiele**
ISBN 978-3-12-675187-2
Alles Digitale auf **allango.net**

# Ortsnamen

| | | | |
|---|---|---|---|
| Ruhla | Chur | Zug | Kufstein |
| Fulda | Ulm | Stuttgart | Wuppertal |
| Rötha | Köthen | Göttingen | Köln |
| Lübeck | Tübingen | Mühlheim | Zürich |
| München | Nürnberg | Münster | Uelzen |
| Braunschweig | Naumburg | Augsburg | Bautzen |
| Freiburg | Mainz | Leipzig | Heidelberg |
| Reutlingen | Neustadt | Neuss | Teutschenthal |

**44 Aussprachespiele**
ISBN 978-3-12-675187-2
Alles Digitale auf **allango.net**

# Personennamen

| | | | |
|---|---|---|---|
| Gabi | Maren | Daniel | Marion |
| Anton | Karl | Susanne | Walter |
| Lea | Eva | Peter | Peer |
| Henning | Emma | Kerstin | Hellmut |
| Lina | Martina | Frieder | Mia |
| Lilli | Tim | Grit | Fritz |
| Thomas | Olaf | Lothar | Jonas |
| Tom | Holger | Jochen | Charlotte |

44 Aussprachespiele
ISBN 978-3-12-675187-2
Alles Digitale auf allango.net

© Ernst Klett Sprachen GmbH, Stuttgart 2023 | www.klett-sprachen.de | Alle Rechte vorbehalten. Die Nutzung der Inhalte für Text- und Data-Mining ist ausdrücklich vorbehalten und daher untersagt. Von dieser Druckvorlage ist die Vervielfältigung für den eigenen Unterrichtsgebrauch gestattet. Die Kopiergebühren sind abgegolten.

# Personennamen

| | | | |
|---|---|---|---|
| **Udo** | **Uta** | **Lukas** | **Julia** |
| **Justus** | **Gunnar** | **Gunter** | **Mustafa** |
| **Sören** | **Söhnke** | **Dörte** | **Björn** |
| **Thyra** | **Rüdiger** | **Günter** | **Jürgen** |
| **Paul** | **Laura** | **Klaus** | **Paula** |
| **Heike** | **Heidi** | **Rainer** | **Freya** |
| **Leuli** | **Zeus** | **Toivo** | **Eugen** |

44 Aussprachespiele
ISBN 978-3-12-675187-2
Alles Digitale auf **allango.net**

# 29 | Rhythmusmuster

**Phonetik-Thema:** Rhythmus

**Mitspieler:**

- 3 bis 6; es kann in mehreren Gruppen parallel gespielt werden

**Vorbereitung/Material:**

- pro Gruppe einmal Rhythmusmuster- und Redemittelkärtchen kopieren und auseinanderschneiden, getrennt mischen
- alternativ: Rhythmusmuster- und Redemittelkärtchen selbst basteln

**Spielverlauf:**

Die Kärtchen mit den Rhythmusmustern liegen verdeckt auf einem Stapel. Die Redemittelkärtchen werden unter den Mitspielern aufgeteilt. Ein Mitspieler deckt ein Rhythmusmuster auf und prüft, ob eins seiner Redemittel dazu passt. Wenn er eins oder mehrere findet, spricht er es aus. Stimmt der Rhythmus, darf er die Redemittelkarten zur Seite legen. Wenn der Rhythmus nicht passt, ist der nächste Mitspieler an der Reihe und deckt ein neues Rhythmusmuster auf.

*Möglichkeit 1:* Wer die meisten Kärtchen hat, hat gewonnen.
*Möglichkeit 2:* Spaß am Spielen ohne Gewinner!

**Spielvarianten und weitere Übungsmöglichkeiten:**

- Es werden alle Rhythmusmuster (als Tafel oder einzeln) an alle Mitspieler verteilt. Die Redemittel liegen auf dem Stapel. Wer zuerst das richtige Rhythmusmuster zeigt, darf die Redemittelkarte nehmen.
- Es werden nacheinander die Redemittel (Hörbeispiel 35) abgespielt, die Mitspieler zeigen das richtige Rhythmusmuster dazu.
- Zu einem Rhythmusmuster müssen (von jedem Mitspieler oder von Kleingruppen) ein oder mehrere Beispiele (thematisch festgelegt: Lebensmittel, Hobbys, Ortsnamen, Ländernamen etc.) gefunden werden.

**Vorbereitung und Korrektur:**

- Die Mitspieler können einige Redemittel mit Rhythmusmuster (Hörbeispiel 36) *nach* dem Spiel hören und nachsprechen.
- Unbekannte Redemittel vor dem Spiel einführen.
- Achten Sie auf die Länge bzw. Kürze der Akzentvokale.

**35/1**

Hallo; Grüß dich; Grüß euch; Servus; Grüß Gott; Wie geht's; Willkommen; Guten Morgen; Guten Tag; Guten Abend; Gute Nacht; Alles Gute; Frohes Fest; Gute Reise; Tschüss; Viel Glück; Mach's gut; Bis bald; Bis gleich; Viel Spaß; Bis morgen; Bis später; Viel Erfolg

**35/2**

Wiedersehen; Auf Wiedersehen; Machen Sie's gut; Prost; Zum Wohl; Moment; Danke; Danke sehr; Danke schön; Vielen Dank; Danke gleichfalls; Bitte; Bitte sehr; Bitte schön; Einverstanden; Freut mich; Sehr erfreut; Macht nichts; Was ist los; Geht's dir gut; Hast du Zeit; Ebenso; Hoffentlich; Verzeihung; Entschuldigung; Entschuldigen Sie; Keine Ahnung

**36/1**

●    Tschüss; Prost

●●    Hallo; Grüß dich; Grüß euch; Servus; Danke; Bitte; Freut mich; Macht nichts

●●●    Danke sehr; Danke schön; Bitte sehr; Bitte schön; Ebenso; Hoffentlich

●●    Viel Glück; Wie geht's; Mach's gut; Grüß Gott; Bis bald; Bis gleich; Viel Spaß; Zum Wohl; Moment

●●●    Bis morgen; Bis später; Willkommen; Verzeihung

**36/2**

●●●    Guten Tag; Gute Nacht; Was ist los; Geht's dir gut; Hast du Zeit; Viel Erfolg; Frohes Fest; Vielen Dank; Sehr erfreut

●●●●    Einverstanden; Wiedersehen

●●●●    Machen Sie's gut

●●●●●    Alles Gute; Guten Morgen; Guten Abend; Gute Reise; Danke gleichfalls; Keine Ahnung

●●●●    Entschuldigung

●●●●●    Auf Wiedersehen; Entschuldigen Sie

# Rhythmusmuster

**44 Aussprachespiele**
ISBN 978-3-12-675187-2
Alles Digitale auf **allango.net**

# Redemittel

| | | | | |
|---|---|---|---|---|
| Tschüss | Prost | Hallo | Grüß dich | Grüß euch |
| Servus | Danke | Bitte | Freut mich | Macht nichts |
| Danke sehr | Danke schön | Bitte sehr | Bitte schön | Ebenso |
| Hoffentlich | Viel Glück | Wie geht's | Mach's gut | Grüß Gott |
| Bis bald | Bis gleich | Viel Spaß | Zum Wohl | Moment |
| Bis morgen | Bis später | Willkommen | Verzeihung | Guten Tag |
| Gute Nacht | Was ist los | Geht's dir gut | Hast du Zeit | Viel Erfolg |
| Frohes Fest | Vielen Dank | Sehr erfreut | Einverstanden | Wiedersehen |
| Machen Sie's gut | Alles Gute | Guten Morgen | Guten Abend | Gute Reise |
| Danke gleichfalls | Keine Ahnung | Entschuldigung | Auf Wiedersehen | Entschuldigen Sie |

44 Aussprachespiele
ISBN 978-3-12-675187-2
Alles Digitale auf allango.net

# 30 | Personen-Memory

**Phonetik-Thema:** O-, U-, Ö- und Ü-Laute

**Mitspieler:**

- 4 bis 8; es kann in mehreren Gruppen parallel gespielt werden

**Vorbereitung/Material:**

- pro Gruppe einmal Vornamen- und Angabenkärtchen kopieren und auseinanderschneiden
- alternativ: Kärtchen selbst basteln

5 – 10 min

**Spielverlauf:**

Die Kärtchen mit den Vornamen werden ausgeteilt (ein oder zwei Kärtchen pro Mitspieler). Die Karten mit den Angaben werden gemischt und verdeckt nebeneinander auf den Tisch gelegt. Ein Mitspieler deckt ein Kärtchen auf und prüft, ob es den gleichen kurzen oder langen Akzentvokal hat und so zu seiner Person (z.B. *Sören*) passt. Wenn es passt, erklärt er damit etwas über die Person, z.B.: „Sören ist ziemlich fröhlich." Weiterhin können mit passenden Kärtchen folgende Informationen zur Person gegeben werden: Familienname; Wohnort; Straße; wohin die Person eine Reise macht; wie sich die Person gerade fühlt; was die Person gern möchte.

Der Mitspieler darf dann ein zweites Kärtchen aufdecken, wenn auch das passt, ein drittes usw. Wenn ein Kärtchen nicht passt, legt er es wieder verdeckt auf den Tisch, der nächste Mitspieler ist an der Reihe. Wenn alle Kärtchen zugeordnet sind, werden die Personen noch einmal beschrieben. Alle passen auf, ob die Vokale richtig ausgesprochen werden.

*Möglichkeit 1*: Es gewinnt, wer zuerst alle Karten zu seiner Person gefunden hat.
*Möglichkeit 2*: Spaß am Spielen ohne Gewinner!

**Spielvarianten und weitere Übungsmöglichkeiten:**

- Die Karten mit den Angaben liegen verdeckt auf einem Stapel, die Namenskärtchen vor den Mitspielern. Sie ziehen nacheinander je eine Karte und legen sie, wenn sie passt, zu den Namenskärtchen vor sich. Wenn sie nicht passt, behalten sie die Karte in der Hand. Wenn der Stapel leer ist, kann man eine Karte vom rechten Nachbarn ziehen. Wichtig ist, dass bei jeder passenden Karte über die Person gesprochen wird.
- Zu den Vornamen können weitere passende Familiennamen gefunden werden, dazu kann man ein Telefonbuch oder das Internet benutzen.
- In Gruppen werden passende Familiennamen in einem Telefonbuch oder im Internet gesucht – Welche Gruppe findet die meisten Namen und liest sie mit Adresse, Telefonnummer usw. vor?

**Vorbereitung und Korrektur:**

- Die Mitspieler können die Namen und Angaben (Hörbeispiel 37) vor dem Spiel hören und nachsprechen.
- Unbekannte Wörter vor dem Spiel einführen.
- Achten Sie auf die Länge bzw. Kürze der Akzentvokale.

### 37/1

*Die Person heißt:*
Dörte, Sören, Günter, Rüdiger, Lotte, Jonas, Gunter, Julia

### 37/2

*Ihr Familienname ist:*
Löschner, Wöhner, Bütting, Kühn, Wollmann, Rothe, Munkwitz, Schuhmann

### 37/3

*Sie wohnt in:*
Göttingen, Köthen, Münster, Zürich, Bonn, Solingen, Stuttgart, Ruhla
in der Körnerstraße, im Römerweg, in der Sütterlinstraße, am Südring, am Postplatz, im Rosenhain, am Lutherplatz, in der Kurallee

### 37/4

*Sie macht eine Reise:*
nach Köln, nach Grönland, nach Brüssel, nach Zypern, nach Moskau, nach Polen, nach Luxemburg, nach Budapest

### 37/5

*Sie ist gerade:*
etwas erschöpft, ziemlich fröhlich, ganz glücklich, sehr wütend, top in Form, so froh, total kaputt, gut ausgeruht

### 37/6

*Sie möchte:*
zwölf Töchter bekommen, französische Möbel ansehen, glücklich sein, Frühlingsgefühle kriegen, Sport treiben, rote Rosen verschenken, den letzten Bus kriegen, Computerspiele machen

# Vornamen

| | | | |
|---|---|---|---|
| Dörte | Sören | Lotte | Jonas |
| Günter | Rüdiger | Gunter | Julia |

✂

# Angaben

| | | | |
|---|---|---|---|
| Löschner | Wöhner | Bütting | Kühn |
| Wollmann | Rothe | Munkwitz | Schuhmann |
| Göttingen | Köthen | Münster | Zürich |
| Bonn | Solingen | Stuttgart | Ruhla |

✂

**44 Aussprachespiele**
ISBN 978-3-12-675187-2
Alles Digitale auf **allango.net**

# Angaben

| | | | |
|---|---|---|---|
| in der Körnerstraße | im Römerweg | in der Sütterlinstraße | am Südring |
| am Postplatz | im Rosenhain | am Lutherplatz | in der Kurallee |
| nach Köln | nach Grönland | nach Brüssel | nach Zypern |
| nach Moskau | nach Polen | nach Luxemburg | nach Budapest |
| etwas erschöpft | ziemlich fröhlich | ganz glücklich | sehr wütend |
| top in Form | so froh | total kaputt | gut ausgeruht |
| zwölf Töchter bekommen | französische Möbel ansehen | glücklich sein | Frühlingsgefühle kriegen |
| Sport treiben | rote Rosen verschenken | den letzten Bus kriegen | Computerspiele machen |

44 Aussprachespiele
ISBN 978-3-12-675187-2
Alles Digitale auf **allango.net**

# 31 | Mensch ärgere dich nicht!

**Phonetik-Thema:** Rhythmus, Akzentuierung, Melodie, Vokale, Konsonanten

**Mitspieler:**

- 2 bis 4; es kann in mehreren Gruppen parallel gespielt werden

**Vorbereitung/Material:**

- pro Gruppe: ein Würfel; einen Spielplan und eine Aufgabenvariante kopieren
- pro Mitspieler: vier gleichfarbige Spielfiguren (Knöpfe o. Ä.)

**Spielverlauf:**

Es wird reihum gewürfelt, wer eine Sechs hat, kann eine seiner Figuren aus dem Startbereich auf sein Startfeld ziehen. Der Mitspieler würfelt noch einmal und rückt entsprechend der Augenzahl weiter. Wenn er auf ein Feld mit einer Zahl kommt, muss er die entsprechende Aufgabe lösen. Wenn er sie nicht lösen kann, muss er eine Runde aussetzen. Jede Antwort muss neu sein, bereits gegebene Antworten dürfen also nicht wiederholt werden. Wenn eine Figur auf ein Feld rückt, auf dem schon eine Spielfigur steht, wird diese geschlagen und muss zurück in den Startbereich. Wer zuerst alle vier Figuren im Zielbereich hat, gewinnt.

**Spielvarianten und weitere Übungsmöglichkeiten:**

- Es können zwei Figuren auf einem Feld stehen (ohne Hinauswerfen).
- Man kann entweder immer nur eine seiner Figuren in die Runde schicken oder mehrere gleichzeitig (bei einer gewürfelten 6).
- Es können weitere Aufgaben zu den Zahlen gestellt werden, z.B. um Regeln abzufragen, um bestimmte Vokale und Konsonanten oder suprasegmentale Merkmale zu üben.

**Vorbereitung und Korrektur:**

- Besprechen Sie vor dem Spiel die Regeln mit den Mitspielern.

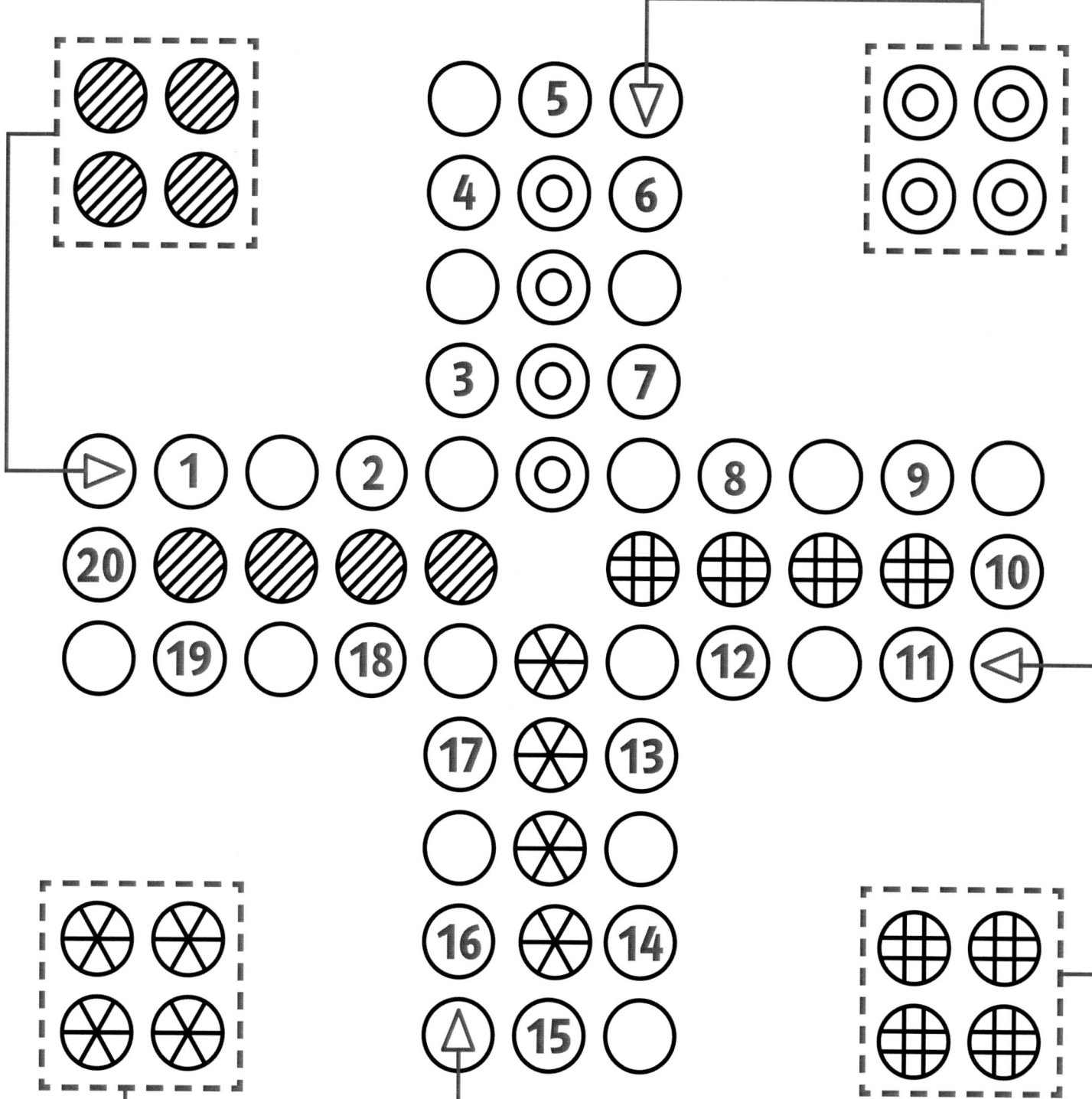

**44 Aussprachespiele**
ISBN 978-3-12-675187-2
Alles Digitale auf **allango.net**

**Klett**

## Rhythmus und Akzentuierung

1. einen Ortsnamen mit drei Silben sprechen, z.B. *Heidelberg*
2. eine Wortgruppe mit diesem Rhythmusmuster sprechen: ●⬤●, z.B. *sie kommen*
3. ein Wort mit *-ei* sprechen, z.B. *Polizei*
4. einen Vornamen mit Akzent auf der ersten Silbe sprechen, z.B. ***Otto***
5. einen Ortsnamen mit zwei Silben sprechen, z.B. *Berlin*
6. ein Kompositum mit *-zimmer* bilden, z.B. *Kinderzimmer*
7. ein Wort mit diesem Rhythmusmuster sprechen: ●⬤, z.B. *gen**au***
8. ein Wort mit *un-* sprechen, z.B. *ungenau*
9. einen Satz mit diesem Rhythmusmuster sprechen: ●⬤●●, z.B. *Was **mach**st du jetzt?*
10. ein Wort mit Akzent auf der zweiten Silbe sprechen, z.B. *Tomate*
11. einen Familiennamen mit zwei Silben sprechen, z.B. *Müller*
12. einen Ortsnamen mit Akzent auf der ersten Silbe sprechen, z.B. *Frankfurt*
13. ein Wort mit *-or* im Singular und Plural sprechen, z.B. *Professor – Professoren*
14. eine Frage mit diesem Rhythmusmuster sprechen: ●⬤●, z.B. *Verstehst du?*
15. ein Tier mit zwei Silben nennen, z.B. *Hase*
16. ein Wort mit *-tion* sprechen, z.B. *Information*
17. ein Kompositum mit *Haus-* bilden, z.B. Haustür
18. ein beliebiges Kompositum bilden, z.B. *Apfelsaft*
19. ein Verb mit drei Silben sprechen, z.B. *vergessen*
20. einen Vornamen mit Akzent auf der zweiten Silbe sprechen, z.B. *Roberto*

## Melodie und emotionale Sprechweise

1. eine Frage mit steigender Melodie stellen, z.B. *Macht's Spaß?*
2. einen Satz im Märchenton sprechen, z.B. *Es war einmal ein König.*
3. einen Satz freundlich/erfreut sprechen: *Wir spielen „Mensch ärgere dich nicht".*
4. einen Satz flüstern, z.B. *Ist da jemand?*
5. jemanden freundlich begrüßen, z.B. *Guten Tag.*
6. einen Satz verwundert sprechen, z.B. *Ihr spielt „Mensch ärgere dich nicht"?*
7. Namen mit schwebender Melodie sprechen, z.B. *Hier sind Peter, Anna, Mia, …*
8. sich nach einem Bekannten mit fallender Melodie erkundigen, z.B. *Wie geht es eigentlich …?*
9. zu jemandem freundlich sagen: *Du bist sehr nett.*
10. eine Frage mit fallender Melodie stellen, z.B. *Was spielt ihr da?*
11. eine Frage höflich sprechen, z.B. *Warum spielt ihr „Mensch ärgere dich nicht"?*
12. jemanden unfreundlich begrüßen, z.B. *Guten Tag.*
13. Dinge mit schwebender Melodie sprechen, z.B. *Wir brauchen Zucker, Milch, Mehl, …*
14. ein weinendes Kind trösten, z.B. *Alles wird gut!*
15. zu jemandem ironisch sagen: *Du bist sehr nett.*
16. sich nach einem Bekannten mit steigender Melodie erkundigen, z.B. *Wie geht es eigentlich …?*
17. laut rufen, z.B. *Wo bist du?*
18. einen Satz ärgerlich sprechen, z.B. *Wir spielen nie „Mensch ärgere dich nicht".*
19. wie ein Sportreporter sprechen, z.B. *Und da ist das Tor!!!*
20. jemanden anschreien, z.B. *Sie Idiot!*

**44 Aussprachespiele**
ISBN 978-3-12-675187-2
Alles Digitale auf allango.net

© Ernst Klett Sprachen GmbH, Stuttgart 2023 | www.klett-sprachen.de | Alle Rechte vorbehalten. Die Nutzung der Inhalte für Text- und Data-Mining ist ausdrücklich vorbehalten und daher untersagt. Von dieser Druckvorlage ist die Vervielfältigung für den eigenen Unterrichtsgebrauch gestattet. Die Kopiergebühren sind abgegolten.

## Vokale

1. ein Tier mit langem Akzentvokal sprechen, z.B. *Ka̱ter*
2. ein Wort mit zwei Diphthongen sprechen, z.B. *Ausweis*
3. einen Gegenstand aus dem Raum mit einem geschriebenen *<a>* nennen, z.B. *Tafel*
4. ein Tier mit kurzem Akzentvokal sprechen, z.B. *Ka̱tze*
5. ein Verb mit *<h>* nach Vokal sprechen, z.B. *nehmen*
6. ein Kleidungsstück mit langem Akzentvokal sprechen, z.B. *Scha̱l*
7. ein Nomen mit *<ei>* sprechen, z.B. *Eisenbahn*
8. einen Vornamen mit langem Akzentvokal sprechen, z.B. *Pe̱ter*
9. ein Wort mit langem Ü-Laut sprechen, z.B. *mü̱de*
10. ein Tier mit *<i>* oder *<ie>* sprechen, z.B. *Fisch*
11. einen Gegenstand aus dem Raum mit langem Akzentvokal nennen, z.B. *Ta̱fel*
12. ein Adjektiv mit *<eu>* sprechen, z.B. *teuer*
13. eine Zahl mit *<a>* am Anfang sprechen, z.B. *acht*
14. einen Familiennamen mit kurzem Ü-Laut sprechen, z.B. *Mü̱ller*
15. ein Nomen mit *<au>* sprechen, z.B. *Auto*
16. einen Ortsnamen mit *<e>* sprechen, z.B. *Bremen*
17. ein Kleidungsstück mit kurzem Akzentvokal sprechen, z.B. *Ja̱cke*
18. ein Wort mit langem Ö-Laut sprechen, z.B. *schö̱n*
19. einen Vornamen mit kurzem Akzentvokal sprechen, z.B. *Lo̱tte*
20. eine Pflanze mit langem *<u>* sprechen, z.B. *Blu̱menkohl*

## Konsonanten

1. einen Ortsnamen mit *<h>* am Wortanfang sprechen, z.B. *Halle*
2. ein Verb mit Nasal am Anfang sprechen, z.B. *machen*
3. ein Wort mit *<nk>* sprechen, z.B. *denken*
4. einen Gegenstand aus dem Raum mit einem geschriebenen *<r>* nennen, z.B. *Tür*
5. ein Adjektiv mit Ich-Laut sprechen, z.B. *wichtig*
6. einen Vornamen mit Frikativ am Anfang sprechen, z.B. *Fritz*
7. ein Verb mit doppelt geschriebenem Konsonanten sprechen, z.B. *bitten*
8. ein Tier mit *[b]* am Anfang sprechen, z.B. *Biene*
9. einen Familiennamen mit *<ll>* sprechen, z.B. *Müller*
10. ein Wort mit *<pp>* sprechen, z.B. *Pappe*
11. ein Nomen mit Ach-Laut sprechen, z.B. *Koch*
12. einen Vornamen mit Plosiv am Anfang sprechen, z.B. *Peter*
13. ein Wort mit *<ng>* sprechen, z.B. *lange*
14. ein Nomen mit doppelt geschriebenem Konsonanten sprechen, z.B. *Kette*
15. ein Gemüse mit *<r>* am Anfang sprechen, z.B. *Rübe*
16. ein Wort mit *<sch>* sprechen, z.B. *Tasche*
17. ein Wort aus der Wortfamilie ‚sprechen' sprechen, z.B. *Sprache*
18. eine Pluralform mit Ich-Laut sprechen, z.B. *Tücher*
19. ein Wort mit mindestens vier Konsonanten sprechen, z.B. *Stift*
20. ein Wort mit gleichem Konsonanten am Anfang und Ende sprechen, z.B. *neunzehn*

**44 Aussprachespiele**
ISBN 978-3-12-675187-2
Alles Digitale auf **allango.net**

© Ernst Klett Sprachen GmbH, Stuttgart 2023 | www.klett-sprachen.de | Alle Rechte vorbehalten. Die Nutzung der Inhalte für Text- und Data-Mining ist ausdrücklich vorbehalten und daher untersagt. Von dieser Druckvorlage ist die Vervielfältigung für den eigenen Unterrichtsgebrauch gestattet. Die Kopiergebühren sind abgegolten.

## Mix

1. ein Wort mit diesem Rhythmusmuster sprechen: ● •, z.B. *spielen*
2. ein Kompositum mit *Reise* bilden, z.B. *Reisepläne*
3. emotional (z.B. freundlich, ärgerlich, …) sagen: *Wir spielen „Mensch ärgere dich nicht".*
4. einen Ortsnamen mit <b> am Wortanfang sprechen, z.B. *Bremen*
5. ein Tier mit langem Akzentvokal sprechen, z.B. *Fliege*
6. etwas aus dem Raum mit einem geschriebenen <r> nennen, z.B. *Tür*
7. einen Vornamen mit Bindestrich sprechen, z.B. *Hans-Peter*
8. ein Wort mit langem Ü-Laut sprechen, z.B. *müde*
9. eine Frage mit steigender Melodie stellen, z.B. *Macht's Spaß?*
10. ein Verb mit doppelt geschriebenem Konsonanten sprechen, z.B. *kommen*
11. einen Satz mit diesem Rhythmusmuster sprechen: •• ● •, z.B. *Wohin gehst du?*
12. einen Ortsnamen mit drei Silben sprechen, z.B. *Heidelberg*
13. ein Tier mit [p] am Anfang sprechen, z.B. *Panther*
14. einen Familiennamen mit kurzem Ü-Laut sprechen, z.B. *Müller*
15. ein Kompositum mit *-zeit* bilden, z.B. *Arbeitszeit*
16. etwas aus dem Raum mit einem langen Akzentvokal nennen, z.B. *Tafel*
17. ein Nomen mit drei Silben sprechen, z.B. *Polizei*
18. ein Nomen mit doppelt geschriebenem Konsonanten sprechen, z.B. *Suppe*
19. einen Vornamen mit Akzent auf der zweiten Silbe sprechen, z.B. *Maria*
20. ein Familienmitglied mit vokalisiertem R sprechen, z.B. *Mutter*

**44 Aussprachespiele**
ISBN 978-3-12-675187-2
Alles Digitale auf **allango.net**

© Ernst Klett Sprachen GmbH, Stuttgart 2023 | www.klett-sprachen.de | Alle Rechte vorbehalten. Die Nutzung der Inhalte für Text- und Data-Mining ist ausdrücklich vorbehalten und daher untersagt. Von dieser Druckvorlage ist die Vervielfältigung für den eigenen Unterrichtsgebrauch gestattet. Die Kopiergebühren sind abgegolten.

# 32 | Küchen-Mix

** bis ***

5–10 min

**Phonetik-Thema:** Wortakzentuierung in Komposita

**Mitspieler:**

- 2 bis 7; es kann in mehreren Gruppen parallel gespielt werden

**Vorbereitung/Material:**

- pro Gruppe einmal Karten kopieren und auseinanderschneiden
- alternativ: Karten selbst basteln

**Spielverlauf:**

Jeder Mitspieler bekommt ein bis zwei Grundwort-Karten. Die Bestimmungswort-Karten liegen verdeckt auf einem Stapel. Ein Mitspieler zieht ein Bestimmungs-wort-Kärtchen und legt es für alle sichtbar auf den Tisch. Er versucht, mit dem Grundwort ein sinnvolles Wort zu bilden, indem er es mit dem Bestimmungswort verbindet. Wenn er ein sinnvolles Wort findet, spricht er es allein (Akzent auf dem Grundwort) und dann als Kompositum (Akzent auf dem Bestimmungswort), immer mit dem Artikel. Er darf die Bestimmungswort-Karte behalten, der nächste Mit-spieler ist an der Reihe. Nicht passende Kärtchen kommen unter den Stapel.

*Möglichkeit 1:* Wer die meisten Kärtchen hat, gewinnt.
*Möglichkeit 2:* Spaß am Spielen ohne Gewinner! Die Kärtchen werden gleich wieder unter den Stapel gelegt.

**Spielvarianten und weitere Übungsmöglichkeiten:**

- Alle Mitspieler bekommen alle Grundwort-Kärtchen. Die Bestimmungswort-Kärtchen liegen aufgedeckt nebeneinander auf dem Tisch oder werden in gleicher Zahl an die Mitspieler verteilt. Dann werden nacheinander die Komposita (Hörbeispiel 38) abgespielt, wer die passenden Kärtchen zuerst zusammensetzt, darf das gefundene Wort vor sich auf den Tisch legen.
- Die Mitspieler basteln ein Spiel zu einem anderen Thema und spielen es.
- Die Sätze werden in verschiedenen Emotionen gesprochen, so dass die Mitspieler erkennen können, wer welche Lebensmittel mag und welche nicht.
- Es können Speisekarten oder Einkaufslisten zusammengestellt werden.

**Vorbereitung und Korrektur:**

- Die Mitspieler können die Komposita (Hörbeispiel 38) vor und nach dem Spiel hören und nachsprechen.
- Unbekannte Wörter vor dem Spiel einführen (und erklären, dass Hustensaft und Extrawurst keine Lebensmittel sind).
- Es sind mehr Kombinationen als in Hörbeispiel 38 möglich.

**Hörbeispiel 38**

---

**38/1**

Suppe, Salat, Brötchen, Wurst, Kuchen, Eis, Saft

Nudelsuppe, Kartoffelsuppe, Gemüsesuppe, Käsesuppe, Reissuppe, Tomatensuppe, Krautsuppe, Bohnensuppe

Nudelsalat, Kartoffelsalat, Eiersalat, Geflügelsalat, Fleischsalat, Tomatensalat, Krautsalat, Obstsalat

Butterbrötchen, Käsebrötchen, Wurstbrötchen, Schinkenbrötchen, Roggenbrötchen, Honigbrötchen, Milchbrötchen, Marmeladenbrötchen

---

**38/2**

Bratwurst, Bockwurst, Weißwurst, Leberwurst, Teewurst, Knackwurst, Schinkenwurst, Extrawurst

Apfelkuchen, Pfefferkuchen, Honigkuchen, Baumkuchen, Pfannkuchen, Zuckerkuchen, Eierkuchen, Quarkkuchen

Schokoladeneis, Vanilleeis, Nusseis, Joghurteis, Erdbeereis, Ananaseis, Bananeneis, Sahneeis

Orangensaft, Apfelsaft, Traubensaft, Zitronensaft, Tomatensaft, Fruchtsaft, Multivitaminsaft, Hustensaft

## Grundwort-Karten

| Suppe | Salat | Brötchen | Wurst | Kuchen | Eis | Saft |
|-------|-------|----------|-------|--------|-----|------|

✂

## Bestimmungswort-Karten

| Käse | Bohnen | Geflügel | Obst | Schinken | Marmeladen |
|------|--------|----------|------|----------|------------|
| Gemüse | Kraut | Eier | Kraut | Wurst | Milch |

| Kartoffel | Tomaten | Kartoffel | Tomaten | Käse | Honig |
|-----------|---------|-----------|---------|------|-------|
| Nudel | Reis | Nudel | Fleisch | Butter | Roggen |

✂

44 Aussprachespiele
ISBN 978-3-12-675187-2
Alles Digitale auf **allango.net**

| Leber | Weiß | Bock | Brat |
| Extra | Schinken | Knack | Tee |
| Baum | Honig | Pfeffer | Apfel |
| Quark | Eier | Zucker | Pfann |
| Joghurt | Nuss | Vanille | Schokoladen |
| Sahne | Bananen | Ananas | Erdbeer |
| Zitronen | Trauben | Apfel | Orangen |
| Husten | Multivitamin | Frucht | Tomaten |

44 Aussprachespiele
ISBN 978-3-12-675187-2
Alles Digitale auf allango.net

Klett

# 33 | Alles im Haus

**Phonetik-Thema:** Laut-Buchstaben-Beziehungen, Transkription

**Mitspieler:**

- 5 bis 8; es kann in mehreren Gruppen parallel gespielt werden

*
bis
* * *

**Vorbereitung/Material:**

- pro Gruppe einmal Spielkarten kopieren und auseinanderschneiden

10–20 min

**Spielverlauf:**

Die Karten werden auf die Mitspieler verteilt. Es müssen immer zwei zusammen-
gehörige Karten gefunden werden, die Begriffe der einen Karte stehen oben, die
der anderen unten. Wer zufällig zwei zusammengehörende Karten bekommen hat,
darf sie vor sich auf den Tisch legen, er spricht die Wörter über den Bildern dabei
deutlich aus, z.B. „Das ist eine Lampe. Das ist ein Regal." Wer nach dieser Vorrunde
die wenigsten Karten hat, darf beginnen: Er legt eine seiner Karten auf den Tisch
und liest das über dem Bild stehende Wort vor, z.B. „Das ist eine Lampe." Danach
fragt er einen beliebigen Mitspieler, ob dieser die Karte mit dem unter der
Abbildung stehenden Begriff hat, z.B. „Hast du die Karte mit dem Regal?" Wenn der
Angesprochene die Karte hat, muss er die Karte abgeben. Der Suchende hat nun
ein Paar, legt beide Karten auf den Tisch und spricht die Wörter über den Bildern
laut aus. Er darf weiterfragen, die gleiche oder eine andere Person. Wenn der
Angesprochene die gesuchte Karte nicht hat, darf er selbst weiterfragen.

*Möglichkeit 1:* Wer die meisten Karten vor sich auf dem Tisch liegen hat, gewinnt.
*Möglichkeit 2:* Spaß am Spielen ohne Gewinner!

**Spielvarianten und weitere Übungsmöglichkeiten:**

- Es können andere Quartett-Spielvarianten probiert werden, z.B. Karte vom
  rechten Nachbarn ziehen, Abheben vom Stapel usw.
- Man kann mit den Karten Memory spielen.

**Vorbereitung und Korrektur:**

- Die Mitspieler können die Wörter (Hörbeispiel 39) vor dem Spiel hören und
  nachsprechen.
- Unbekannte Wörter vor dem Spiel einführen (durch die Bilder wird das
  Verständnis erleichtert).
- Achten Sie auf die Länge bzw. Kürze der Akzentvokale.

**Hörbeispiel 39** 🔊

**39/1**

| | |
|---|---|
| [aː] Regal | [a] Lampe |
| [iː] Spiegel | [ɪ] Bild |
| [eː] Besen | [ɛ] Sessel |
| [ɛː] Säge | [ɛ] Teller |
| [oː] Sofa | [ɔ] Koffer |
| [uː] Stuhl | [ʊ] Hund |
| [ø] Möbel | [œ] Löffel |

**39/2**

| | |
|---|---|
| [yː] Tür | [ʏ] Schlüssel |
| [p] Treppe | [b] Bett |
| [k] Kabel | [g] Gabel |
| [t] Tisch | [d] Dusche |
| [f] Fernseher | [v] Waschmaschine |
| [s] Tasse | [z] Vase |

**39/3**

| | |
|---|---|
| [ç] Bücher | [j] Yuccapalme |
| [x] Buch | [ʁ] Radio |
| [ɐ] Wasser | [r] Geschirr |
| [h] Heizung | [ʔ] Eisschrank |
| [ə] Decke | [ɐ] Wecker |
| [n] Wanne | [ŋ] Klingel |

**39/4**

| | |
|---|---|
| [ŋk] Bank | [ŋ] Vorhang |
| [ʃ] Tasche | [ʒ] Garage |
| [pf] Pfanne | [f] Fahne |
| [st] Fenster | [ʃt] Stecker |
| [ʃp] Spaten | [sp] Wespe |
| [ts] Katze | [st] Kasten |

[ɔ] Koffer

[o:] Sofa

[o:] Sofa

[ɔ] Koffer

[ɪ] Bild

[i:] Spiegel

[ɛ] Teller

[ɛ:] Säge

[i:] Spiegel

[ɪ] Bild

[ɛ:] Säge

[ɛ] Teller

[a] Lampe

[a:] Regal

[ɛ] Sessel

[e:] Besen

[a:] Regal

[a] Lampe

[e:] Besen

[ɛ] Sessel

[ɔ] Koffer

[o:] Sofa

[o:] Sofa

[ɔ] Koffer

[ɪ] Bild

[i:] Spiegel

[ε] Teller

[ε:] Säge

[i:] Spiegel

[ɪ] Bild

[ε:] Säge

[ε] Teller

[a] Lampe

[a:] Regal

[ε] Sessel

[e:] Besen

[a:] Regal

[a] Lampe

[e:] Besen

[ε] Sessel

44 Aussprachespiele
ISBN 978-3-12-675187-2
Alles Digitale auf allango.net

Klett

[ɔ] Koffer

[o:] Sofa

[o:] Sofa

[ɔ] Koffer

[ɪ] Bild

[i:] Spiegel

[ɛ] Teller

[ɛ:] Säge

[i:] Spiegel

[ɪ] Bild

[ɛ:] Säge

[ɛ] Teller

[a] Lampe

[a:] Regal

[ɛ] Sessel

[e:] Besen

[a:] Regal

[a] Lampe

[e:] Besen

[ɛ] Sessel

**44 Aussprachespiele**
ISBN 978-3-12-675187-2
Alles Digitale auf **allango.net**

Klett

[ɔ] Koffer

[oː] Sofa

[oː] Sofa

[ɔ] Koffer

[ɪ] Bild

[iː] Spiegel

[ɛ] Teller

[ɛː] Säge

[iː] Spiegel

[ɪ] Bild

[ɛː] Säge

[ɛ] Teller

[a] Lampe

[aː] Regal

[ɛ] Sessel

[eː] Besen

[aː] Regal

[a] Lampe

[eː] Besen

[ɛ] Sessel

**44 Aussprachespiele**
ISBN 978-3-12-675187-2
Alles Digitale auf **allango.net**

Klett

[ɔ] Koffer

[o:] Sofa

[o:] Sofa

[ɔ] Koffer

[ɪ] Bild

[i:] Spiegel

[ɛ] Teller

[ɛ:] Säge

[i:] Spiegel

[ɪ] Bild

[ɛ:] Säge

[ɛ] Teller

[a] Lampe

[a:] Regal

[ɛ] Sessel

[e:] Besen

[a:] Regal

[a] Lampe

[e:] Besen

[ɛ] Sessel

44 Aussprachespiele
ISBN 978-3-12-675187-2
Alles Digitale auf **allango.net**

Klett

# 34 | Frau Reuter träumt von Mäusen?

**Phonetik-Thema:** Vokalquantität und -qualität, Melodie

**Mitspieler:**
- 3 Gruppen mit je 2 bis 4 Mitspielern

**Vorbereitung/Material:**
- Wortkärtchen kopieren und auseinanderschneiden
- alle Kärtchen durcheinander mischen

30 – 45 min
variabel

**Spielverlauf:**

Die Mitspieler werden in 3 Gruppen à 2 bis 4 Personen eingeteilt. Jede Gruppe erhält die gleiche Anzahl Wortkärtchen. Zuerst sollen die Mitspieler in ihren Gruppen passende Sätze aus Person – Verb – Ergänzung bilden. Dabei gilt die Regel: Die Akzentvokale müssen gleich sein (Quantitätsunterschiede spielen hier noch keine Rolle). Sicher bleiben in jeder Gruppe einige Kärtchen übrig, aus denen sich keine passenden Wortgruppen bilden lassen – diese sind Tauschobjekte im weiteren Spielverlauf. Nun sollen die Gruppen versuchen, so miteinander zu tauschen, dass sie noch weitere Wortgruppen bilden können. Die Mitspieler gehen zu einer anderen Gruppe und sagen z.B.: „Ich habe das Subjekt *Lisa* übrig – ich möchte es gegen ein Verb mit einem I-Laut tauschen." Nach einer festgelegten Zeit sagt der Spielleiter „Stopp!" Die Mitspieler bekommen nun die Aufgabe, die Vokalquantitäten der Akzentvokale auf den Wortkärtchen zu markieren: lange Vokale mit Strich unter dem Vokal (z.B. *Lisa*), kurze Vokale mit Punkt unter dem Vokal (z.B. *Nelli*).

Dann lesen die Gruppen nacheinander alle Sätze vor, die sie gebildet haben, immer abwechselnd einen Satz mit fallender (Aussagen), einen mit steigender Melodie (Fragen).

*Achtung*: Der Spielleiter sollte vor dem Spiel Spielverlauf und Spielziel gut erklären und dazu ein oder zwei Beispiele an die Tafel schreiben.

*Möglichkeit 1*: Gewonnen hat die Gruppe mit den meisten passenden Sätzen.
*Möglichkeit 2*: Gewonnen hat die Gruppe mit den meisten passenden Sätzen, die zusätzlich noch korrekt vorgelesen wurden. Dies prüft eine Jury.

**Spielvarianten und weitere Übungsmöglichkeiten:**
- Wörter mit gleichem Akzentvokal werden am Ende des Spieles in einer Geschichte miteinander verbunden, dabei sollen möglichst viele weitere Wörter mit diesem Akzentvokal ergänzt werden, z.B. „Vera, Peter, Nelli und Ben sind jetzt mit dem Essen fertig. Um sechs haben sie sich in der Gaststätte ‚Meeresblick' getroffen und gut gegessen. Zuerst gehen Nelli und Ben, ..."
- Die Gruppen tauschen die Wortkärtchen nicht untereinander, sondern vervollständigen die Sätze selbst. Sind z.B. *Paul* und *kauft* vorhanden, kann ein beliebiges Nomen mit <au> ergänzt werden, z.B. *Paul kauft eine Maus*.
- Es werden zusätzlich Adjektive ergänzt, z.B. *Paul kauft eine graue Maus*.
- Die Mitspieler können die Sätze (Hörbeispiel 40) hören und dabei in jedem Wort die Länge des Akzentvokals mit Gesten markieren.
- Die Sätze lassen sich emotional sprechen, z.B. verwundert oder erfreut.

**Vorbereitung und Korrektur:**

- Die Mitspieler können vor und nach dem Spiel ausgewählte Sätze (Hörbeispiel 40) hören und nachsprechen.
- Ermutigen Sie die Mitspieler dazu, die Länge des Akzentvokals mit Gesten zu unterstützen (lang = weite Hand- oder Armbewegung, kurz = kurze Bewegung).

**Hörbeispiel 40**

**40/1**

**I-Laute**
Lisa liebt Whisky?
Pieter trinkt Milch.
Tim liebt Himbeersaft?
Minna trinkt Bier.

**40/2**

**A-Laute**
Sarah fragt: Abendessen?
Jan sagt: Radfahren.
Frank fragt: Ananas?
Tanja sagt: Apfelmus.

**40/3**

**E-Laute**
Vera geht um zehn?
Peter geht jetzt.
Nelli fährt um sechs?
Ben fährt um elf.

**40/4**

**Ö-Laute**
Frau Möhler tröstet Herrn König?
Frau Möller tröstet Herrn Schöne.
Sören hört Frau Köhler?
Björn hört Frau Röder.

**40/5**

**Ü-Laute**
Herr Mühler küsst Frau Pühl?
Herr Müller küsst Frau Lück.
Rüdiger begrüßt Frau Mücke?
Günter begrüßt Frau Düsing.

**40/6**

**EI**
Heidi reist nach Leipzig?
Rainer eilt nach Eisenach.
Heike reist nach Weimar?
Heiko eilt nach Zeitz.

**40/7**

**EU**
Mein Freund träumt von Häusern?
Meine Freundin träumt von Räubern.
Frau Reuter träumt von Mäusen?
Eugen träumt von Freunden.

**40/8**

**AU**
Paul braucht ein Laufrad?
Paula kauft ein Haus.
Klaus braucht eine Schaufel?
Claudia kauft ein Auto.

| | | | | | | | |
|---|---|---|---|---|---|---|---|
| Bier?/. | Himbeersaft?/. | Radfahren?/. | Abendessen?/. | um sechs?/. | jetzt?/. | Herrn Schöne ?/. | Frau Röder?/. |
| Milch?/. | Whisky?/. | Apfelmus?/. | Ananas?/. | um zehn?/. | um elf?/. | Herrn König?/. | Frau Köhler?/. |
| trinkt | trinkt | sagt: | sagt: | fährt | fährt | tröstet | tröstet |
| liebt | liebt | fragt: | fragt: | geht | geht | hört | hört |
| Pieter | Tim | Jan | Frank | Peter | Ben | Sören | Björn |
| Lisa | Minna | Sarah | Tanja | Vera | Nelli | Frau Möhler | Frau Möller |

44 Aussprachespiele
ISBN 978-3-12-675187-2
Alles Digitale auf allango.net

| | | | | | |
|---|---|---|---|---|---|
| Herr Mühler | Rüdiger | begrüßt | küsst | Frau Lück?/. | Frau Mücke?/. |
| Herr Müller | Günter | begrüßt | küsst | Frau Pühl?/. | Frau Düsing?/. |
| Heidi | Rainer | reist | eilt | nach Leipzig?/. | nach Weimar?/. |
| Heike | Heiko | reist | eilt | nach Eisenach?/. | nach Zeitz?/. |
| Mein Freund | Eugen | träumt | träumt | von Mäusen?/. | von Häusern?/. |
| Meine Freundin | Frau Reuter | träumt | träumt | von Freunden?/. | von Räubern?/. |
| Paul | Paula | braucht | kauft | ein Haus?/. | ein Laufrad?/. |
| Klaus | Claudia | braucht | kauft | ein Auto?/. | eine Schaufel?/. |

44 Aussprachespiele
ISBN 978-3-12-675187-2
Alles Digitale auf allango.net

# 35 | Bumbem Bam!

**Phonetik-Thema:** Melodie, Akzentuierung, Vokale

**Mitspieler:**

- 4 bis 5; es kann in mehreren Gruppen parallel gespielt werden

**Vorbereitung/Material:**

5 – 10 min

- pro Gruppe einmal Kärtchen mit Äußerungen kopieren und auseinander-schneiden
- alternativ: Kärtchen selbst basteln

**Spielverlauf:**

Die Kärtchen mit den Äußerungen liegen verdeckt auf einem Stapel. Die Mitspieler nehmen reihum ein Kärtchen und sprechen die Äußerungen als Nonsenswörter aus, bei denen die Vokale (in Qualität und Quantität) erhalten bleiben und ihnen jeweils ein [b] vorangestellt wird und ein [m] folgt, z.B. „Bumbem Bam!" (für „Guten Tag!"). Dabei ist auf die angegebene Melodie zu achten (Fragezeichen = steigende Melodie; Punkt und Ausrufungszeichen = fallende Melodie). Die Nonsenswörter sollen mit passender Mimik und Gestik gesprochen werden. Wer in der Runde die richtige Äußerungen errät (also „Guten Tag!"), spricht sie aus und bekommt das Kärtchen. Wenn sie keiner herausfindet, kommt das Kärtchen unter den Stapel.

*Möglichkeit 1:* Wer die meisten Kärtchen hat, gewinnt.
*Möglichkeit 2:* Spaß am Spielen ohne Gewinner!

**Spielvarianten und weitere Übungsmöglichkeiten:**

- Es können andere Nonsenssilben verwendet werden.
- Es werden andere Beispiele (frei oder thematisch festgelegt, z.B. Lebensmittel, Hobbys, Ortsnamen, Ländernamen) als Nonsenswörter mit der entsprechenden Mimik und Gestik gesprochen und erraten.
- Die Nonsenswörter können dialogisch verwendet werden, z.B.:
  A: „Bim bem?" (*Wie geht's?*); B: „Bambem bum?" (*Danke, gut!*) ...

**Vorbereitung und Korrektur:**

- Die Mitspieler hören die Äußerungen (Hörbeispiel 41), sprechen sie erst korrekt und dann als Nonsenswörter nach.
- Unbekannter Wortschatz sollte vor dem Spiel eingeführt werden.
- Achten Sie auf die Länge bzw. Kürze der Akzentvokale.

**41/1**

| | |
|---|---|
| Prost! | Bom! |
| Tschüss! | Büm! |
| Danke! | Bambem! |
| Hallo? | Bambom? |
| Servus! | Bembum! |
| Moment! | Bombem! |
| Bis bald! | Bim bam! |
| Mach's gut! | Bam bum! |

**41/2**

| | |
|---|---|
| Wie geht's? | Bim bem? |
| Sehr gut! | Bem bum! |
| Viel Glück! | Bim Büm! |
| Grüß dich! | Büm bim! |
| Grüß euch! | Büm beum! |
| Viel Spaß! | Bim Bam! |
| Zum Wohl! | Bum Bom! |
| Grüß Gott! | Büm Bom! |

**41/3**

| | |
|---|---|
| Freut mich! | Beum bim! |
| Guten Tag! | Bumbem Bam! |
| Wie bitte? | Bim bimbem? |
| Hast du Zeit? | Bam bum Beim? |

| | |
|---|---|
| Danke sehr! | Bambem bem! |
| Bis später! | Bim bämbem! |
| Bis morgen? | Bim bombem? |
| Bis morgen! | Bim bombem! |

**41/4**

| | |
|---|---|
| Geht's dir gut? | Bem bim bum? |
| Wiedersehn! | Bimbembem! |
| Auf Wiedersehn! | Baum bimbembem! |
| Keine Zeit! | Beimbem Beim! |
| Verzeihung! | Bembeimbum! |
| Danke schön! | Bambem böm! |
| Gute Nacht! | Bumbem Bam! |
| Vielen Dank! | Bimbem Bam! |

**41/5**

| | |
|---|---|
| Was ist los? | Bam bim bom? |
| Willkommen! | Bimbombem! |
| Verzeihung? | Bembeimbum? |
| Entschuldigung! | Bembumbimbum! |
| Einverstanden? | Beimbembambem? |
| Einverstanden! | Beimbembambem! |
| Alles Gute! | Bambem Bumbem! |
| Gute Reise! | Bumbem Beimbem! |

# Äußerungen

| | | | | |
|---|---|---|---|---|
| Guten Tag! | Mach's gut! | Hallo? | Grüß dich! | Grüß euch! |
| Servus! | Danke! | Wie bitte? | Freut mich! | Tschüss! |
| Danke sehr! | Danke schön! | Verzeihung? | Hast du Zeit? | Wie geht's? |
| Bis bald! | Viel Glück! | Einverstanden? | Gute Nacht! | Grüß Gott! |
| Geht's dir gut? | Alles Gute! | Viel Spaß! | Zum Wohl! | Moment! |
| Bis morgen? | Bis später! | Willkommen! | Was ist los? | Vielen Dank! |
| Wiedersehn! | Entschuldigung! | Gute Reise! | Auf Wiedersehn! | Prost! |
| Verzeihung! | Einverstanden! | Keine Zeit! | Sehr gut! | Bis morgen! |

44 Aussprachespiele
ISBN 978-3-12-675187-2
Alles Digitale auf allango.net

# 36 | Zwei zugleich

bis

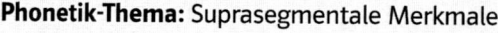

5 – 10 min

**Phonetik-Thema:** Suprasegmentale Merkmale

**Mitspieler:**

- pro Gruppe 3 bis 4; es kann in mehreren Gruppen parallel gespielt werden

**Vorbereitung/Material:**

- pro Gruppe einmal alle Text-Karten kopieren und auseinanderschneiden

**Spielverlauf:**

Zwei Mitspieler stehen sich gegenüber, einer nimmt einen Text vom Stapel. Er liest den Text in normalem Sprechtempo, mit deutlicher Akzentuierung und textangemessen (Märchen, Sprichwort, …) vor. Der Mitspieler versucht – die Sprechbewegungen beobachtend – synchron mitzusprechen. Dann liest er selbst einen Text und ein weiterer Mitspieler versucht mitzusprechen. Dies geht reihum. Am Ende werden Punkte für das Mitsprechen vergeben, es gibt einen 1., einen 2., einen 3. Platz mit kleinen Preisen (oder viel Lob).

**Spielvarianten und weitere Übungsmöglichkeiten:**

- Es können auch mehrere Mitspieler gleichzeitig mitsprechen, der/die Beste darf den nächsten Text vorlesen.
- Es können weitere Texte verwendet werden (z.B. aus dem Lehrbuch).
- Es können drei- oder vierstellige Zahlen, Datumsangaben o. Ä. auf Kärtchen geschrieben und gesprochen werden.
- Die Texte können mehrmals gehört und phonetische Merkmale eingetragen werden (Pausen, Melodieverläufe, Akzente).

**Vorbereitung und Korrektur:**

- Die Mitspieler können vor oder nach dem Spiel die Texte (Hörbeispiel 42) anhören und mitlesen.
- Unbekannten Wortschatz vor dem Spiel klären.

**42/1**

**Sprüche**

Wer nichts weiß und weiß, dass er nichts weiß, weiß mehr als der, der nichts weiß und nicht weiß, dass er nichts weiß.

Ein sehr schwer sehr schnell zu sprechender Spruch ist ein Schnellsprechspruch.

**42/2**

**Singspiel**

Mein Hut, der hat drei Ecken,
drei Ecken hat mein Hut.
Und hätt er nicht drei Ecken,
so wär's auch nicht mein Hut.

**42/3**

**Kochrezept**

Apfelmus kochen

Äpfel waschen, schälen, entkernen und in Stücke schneiden. Mit dem Apfelsaft in einem Topf etwa 10 Minuten kochen. Anschließend noch größere, aber weiche Stücke mit einem Stampfer zerdrücken. Mit Zimt und Vanillezucker abschmecken. Das Apfelmus behält durch den Apfelsaft eine schöne gelbliche Farbe und wird nicht bräunlich.

**42/4**

**Wetteraussichten**

Am Dienstag teils wolkig, aber meist trocken. Sonst Auflockerungen, im Westen auch längere heitere Abschnitte und niederschlagsfrei. Höchstwerte -1 bis +3°C. Schwacher, von Süd auf Ost drehender Wind. Von Mittwoch bis Freitag wolkig, teils heiter, meist trocken. Anfangs überwiegend Dauerfrost. Am Wochenende etwas unbeständiger mit leichtem Schneefall, dabei häufig nass und kalt.

**42/5**

**Wilhelm Busch: Max und Moritz**

Ach, was muss man oft von bösen
Kindern hören oder lesen!
Wie zum Beispiel hier von diesen,
Welche Max und Moritz hießen;
Die, anstatt durch weise Lehren
Sich zum Guten zu bekehren,
Oftmals noch darüber lachten
Und sich heimlich lustig machten.

**42/6**

**Volkslied**

Die Gedanken sind frei
wer kann sie erraten?
Sie fliehen vorbei
wie nächtliche Schatten.
Kein Mensch kann sie wissen,
kein Jäger erschießen
mit Pulver und Blei:
Die Gedanken sind frei!

**42/7**

**Das Märchen vom Hasen und vom Igel**

Es war einmal ein Hase. Der traf beim Spazierengehen einen Igel und lachte über dessen kurze Beine. Da forderte der Igel den Hasen zu einem Wettlauf auf. Der Gewinner sollte eine Goldmünze und eine Flasche Schnaps bekommen. Der Hase war einverstanden und lief mit dem Igel über ein Feld. Der Igel lief aber nur einen kleinen Teil der Strecke, am anderen Ende des Feldes wartete die Igelfrau. Als der Hase ankam, rief die Igelfrau: „Ich bin schon da." Sie wiederholten die Wettläufe so oft, bis der Hase am Ende tot umfiel.

**42/8**

**Sportmeldung**

Der FC Rot-Weiß Erfurt ist in der 3. Liga in der Heimbegegnung gegen den SC Preußen Münster über ein 0:0 nicht hinausgekommen. Im ersten Spiel nach der Winterpause konnten die Gastgeber dem Geschehen nie ihren Stempel aufdrücken. Vor 4235 Zuschauern hatte Münster im ersten Durchgang mehr vom Spiel und wirkte spielerisch besser. Torchancen blieben allerdings beiderseits rar. Nach dem Seitenwechsel brachte die Heimmannschaft gar keinen gefährlichen Angriff mehr zustande. Münster blieb durch das torlose Spiel immerhin zum siebten Mal in Serie ungeschlagen.

**42/9**

**Nachrichtenmeldung**

Mit dem wohl schiefsten Gebäude der Welt will Thüringen künftig mehr Touristen anziehen. Der Turm soll 70 Meter in die Höhe ragen und sich analog zur Erdachse um 23,5 Grad in Nord-Süd-Richtung neigen. Damit wäre er den Angaben nach das schrägste von Menschenhand erschaffene Gebäude der Welt. Noch in diesem Jahr soll der Bau auf dem 751 Meter hohen Tafelberg in der Gemeinde Rhönblick beginnen. 2016 soll das Besucherzentrum öffnen.

**42/10**

**Straßenverkehrsmeldung**

Berlin Mitte: Scharnhorststraße zwischen Invalidenstraße und Habersaathstraße in Fahrtrichtung Habersaathstraße gesperrt. Schwarzer Weg zwischen Habersaathstraße und Invalidenstraße in Fahrtrichtung Invalidenstraße gesperrt. Hessische Straße in beiden Richtungen zwischen Invalidenstraße und Hannoversche Straße gesperrt. Baustelle bis 20.12.

Wer nichts weiß und weiß, dass er nichts
weiß, weiß mehr als der, der nichts weiß und
nicht weiß, dass er nichts weiß.

Ein sehr schwer sehr schnell zu sprechender
Spruch ist ein Schnellsprechspruch.

(Sprüche)

Mein Hut, der hat drei Ecken,
drei Ecken hat mein Hut.
Und hätt er nicht drei Ecken,
so wär's auch nicht mein Hut.

(Singspiel)

**APFELMUS KOCHEN**
Äpfel waschen, schälen, entkernen und in
Stücke schneiden. Mit dem Apfelsaft in
einem Topf etwa 10 Minuten kochen.
Anschließend noch größere, aber weiche
Stücke mit einem Stampfer zerdrücken.
Mit Zimt und Vanillezucker abschmecken.
Das Apfelmus behält durch den Apfelsaft
eine schöne gelbliche Farbe und wird nicht
bräunlich.

(Kochrezept)

Am Dienstag teils wolkig, aber meist trocken.
Sonst Auflockerungen, im Westen auch
längere heitere Abschnitte und
niederschlagsfrei. Höchstwerte −1 bis +3℃.
Schwacher, von Süd auf Ost drehender Wind.
Von Mittwoch bis Freitag wolkig, teils heiter,
meist trocken. Anfangs überwiegend
Dauerfrost. Am Wochenende etwas
unbeständiger mit leichtem Schneefall,
dabei häufig nass und kalt.

(Wetteraussichten)

Ach, was muss man oft von bösen
Kindern hören oder lesen!
Wie zum Beispiel hier von diesen,
Welche Max und Moritz hießen;
Die, anstatt durch weise Lehren
Sich zum Guten zu bekehren,
Oftmals noch darüber lachten
Und sich heimlich lustig machten.

(Wilhelm Busch: Max und Moritz)

Die Gedanken sind frei
wer kann sie erraten?
Sie fliehen vorbei
wie nächtliche Schatten.
Kein Mensch kann sie wissen,
kein Jäger erschießen
mit Pulver und Blei:
Die Gedanken sind frei!

(Volkslied)

**44 Aussprachespiele**
ISBN 978-3-12-675187-2
Alles Digitale auf **allango.net**

Es war einmal ein Hase. Der traf beim Spazierengehen einen Igel und lachte über dessen kurze Beine. Da forderte der Igel den Hasen zu einem Wettlauf auf. Der Gewinner sollte eine Goldmünze und eine Flasche Schnaps bekommen. Der Hase war einverstanden und lief mit dem Igel über ein Feld. Der Igel lief aber nur einen kleinen Teil der Strecke, am anderen Ende des Feldes wartete die Igelfrau. Als der Hase ankam, rief die Igelfrau: „Ich bin schon da." Sie wiederholten die Wettläufe so oft, bis der Hase am Ende tot umfiel.

(Das Märchen vom Hasen und vom Igel)

Der FC Rot-Weiß Erfurt ist in der 3. Liga in der Heimbegegnung gegen den SC Preußen Münster über ein 0:0 nicht hinausgekommen. Im ersten Spiel nach der Winterpause konnten die Gastgeber dem Geschehen nie ihren Stempel aufdrücken. Vor 4235 Zuschauern hatte Münster im ersten Durchgang mehr vom Spiel und wirkte spielerisch besser. Torchancen blieben allerdings beiderseits rar. Nach dem Seitenwechsel brachte die Heimmannschaft gar keinen gefährlichen Angriff mehr zustande. Münster blieb durch das torlose Spiel immerhin zum siebten Mal in Serie ungeschlagen.

(Sportmeldung)

Mit dem wohl schiefsten Gebäude der Welt will Thüringen künftig mehr Touristen anziehen. Der Turm soll 70 Meter in die Höhe ragen und sich analog zur Erdachse um 23,5 Grad in Nord-Süd-Richtung neigen. Damit wäre er den Angaben nach das schrägste von Menschenhand erschaffene Gebäude der Welt. Noch in diesem Jahr soll der Bau auf dem 751 Meter hohen Tafelberg in der Gemeinde Rhönblick beginnen. 2016 soll das Besucherzentrum öffnen.

(Nachrichtenmeldung)

Berlin Mitte: Scharnhorststraße zwischen Invalidenstraße und Habersaathstraße in Fahrtrichtung Habersaathstraße gesperrt. Schwarzer Weg zwischen Habersaathstraße und Invalidenstraße in Fahrtrichtung Invalidenstraße gesperrt. Hessische Straße in beiden Richtungen zwischen Invalidenstraße und Hannoversche Straße gesperrt. Baustelle bis 20.12.

(Straßenverkehrsmeldung)

**44 Aussprachespiele**
ISBN 978-3-12-675187-2
Alles Digitale auf **allango.net**

Klett

# 37 | Nörgel-Bingo

**30 min**

**Phonetik-Thema:** Ö- und Ü-Laute, emotionale Sprechweise

**Mitspieler:**
- 6 (bei mehr Mitspielern Bingokarten mehrfach kopieren)

**Vorbereitung/Material:**
- eine Tafel mit den Nörgelsätzen für den Spielleiter kopieren
- eine Tafel mit den Nörgelsätzen für die Mitspieler kopieren, die Sätze auseinanderschneiden und mischen
- pro Mitspieler eine Bingokarte kopieren
- ca. 20 kleine Spielfiguren oder Gummibärchen/Schokodragees/kleine Bonbons etc. pro Mitspieler

**Spielverlauf:**

Jeder Mitspieler erhält eine Bingotafel und genügend viele Spielfiguren, z.B. Gummibärchen. Zuerst liest jeder Mitspieler die Wörter auf seiner Bingotafel laut vor und übt die Aussprache (gemeinsame Übung mit Fehlerkorrektur).

Nacheinander ziehen die Mitspieler dann je einen Nörgelsatz und lesen ihn nörgelnd (d.h. mit unzufriedener Sprechweise) vor. Die anderen Mitspieler achten darauf, welches Wort mit Ö- oder Ü-Laut im vorgelesenen Satz vorkommt. Sie suchen das Wort auf ihrer Bingotafel und legen eine Spielfigur darauf ab. *Achtung:* Auf jeder Bingotafel stehen alle Wörter aus den Nörgelsätzen, jedoch in unterschiedlicher Anordnung.

Wer zuerst eine senkrechte, waagerechte oder diagonale Linie hat, ruft laut „Bingo!" Damit ist der Sieger ermittelt und das Spiel ist zu Ende.

*Wichtig:* Der Spielleiter überprüft, ob tatsächlich alle Wörter, die auf der Bingokarte des Gewinners markiert sind, auch vorgelesen wurden (dazu die Sätze während des Vorlesens auf der Spieltafel markieren).

*Möglichkeit 1:* Gewonnen hat, wer zuerst „Bingo" rufen kann. Er darf alle Gummibärchen auf der Bingokarte aufessen.
*Möglichkeit 2:* Das Spiel dauert solange, bis alle Satzkärtchen aufgebraucht sind. Es gibt nur Gewinner. Am Ende dürfen alle Gummibärchen aufgegessen werden.

**Spielvarianten und weitere Übungsmöglichkeiten:**
- Statt Nörgel-Bingo kann auch Ärger-Bingo gespielt werden, d.h. alle Sätze müssen nun sehr ärgerlich oder wütend vorgelesen werden.
- Die Mitspieler bekommen nur die Wortkärtchen (dazu eine Bingotafel zerschneiden) und bilden daraus selbst ärgerliche oder unzufriedene Sätze, mit denen dann das Spiel gespielt wird.
- Nach dem vorliegenden Muster können Wörter und Sätze zu anderen phonetischen Problemen geübt werden: Ich- und Ach-Laute (z.B. *Küche* – „Die Küche ist schmutzig!"), Plosive fortis und lenis (z.B. *Paket* – „Jetzt hol doch endlich mal das Paket ab!") usw.
- Auf den Satzkärtchen kann bei den Ö- und Ü-Lauten die Vokalquantität der Akzentvokale bestimmt werden (lange Vokale unterstreichen, kurze mit Punkt darunter).

- Die Mitspieler können mit den Nörgelsätzen Dialoge führen. Ein Mitspieler liest einen Nörgelsatz vor, der Gesprächspartner bekommt die Aufgabe: a) sich zu wehren; b) überhaupt nichts zu sagen; c) sich über den anderen lustig zu machen; d) ... Fertigen Sie dazu Gesprächskarten mit Reaktionsanweisungen an, die der Gesprächspartner zieht. Die anderen Mitspieler beobachten die Reaktion, danach wird diskutiert.

**Vorbereitung und Korrektur:**

- Vor dem Spiel drei Nörgelsätze (Hörbeispiel 44) hören und darüber diskutieren, warum sie wie Nörgelsätze klingen, wann man (nicht) nörgelt usw.
- Die Mitspieler können die Wörter (Hörbeispiel 43) vor dem Spiel hören und nachsprechen, dabei sollen Länge und Kürze der Akzentvokale mit Gesten gezeigt und die Ö- und Ü-Laute besonders bewusst mit gerundeten Lippen gesprochen werden.

**Hörbeispiele 43 und 44**

### 43/1

**Wörter: Ö-Laute**
aufhören, zuhören, stören, blöd, unhöflich, plötzlich, schön, nervös, verwöhnt, Lösung

### 43/2

**Wörter: Ü-Laute**
rücksichtslos, unglücklich, unpünktlich, überall, natürlich, überhaupt, verrückt, typisch, wütend, Bücher, Gefühl, Müll, Vergnügen, Würstchen, Küche

### 44/1

**Sätze: Ö-Laute**
Kannst du nicht endlich mal aufhören?
Du bist wirklich blöd.
Das ist doch alles keine Lösung.
Du machst mich noch ganz nervös.
Was soll das denn plötzlich?
Findest du das etwa schön?
Musst du mich denn immer stören?
Du bist so unhöflich.
Du bist total verwöhnt.
Kannst du nicht mal richtig zuhören?

### 44/2

**Sätze: Ü-Laute**
Du hast doch kein Gefühl.
Nie putzt du mal die Küche.
Du machst natürlich gar nichts.
Nie bringst du mal den Müll runter.
Das ist ja wieder mal typisch!
Überall liegen deine Sachen herum.
Kannst du deine Bücher nicht mal wegräumen?
Was willst du denn überhaupt?
Du denkst immer nur an dein Vergnügen.
Du bist verrückt!
Du dummes, kleines Würstchen.
Du machst mich richtig wütend!
Du bist so rücksichtslos.
Du machst mich unglücklich!
Du bist so unpünktlich!

# Nörgelsätze

Kannst du nicht endlich mal **aufhören**?

Du bist wirklich **blöd**.

Du hast doch kein **Gefühl**.

Das ist doch alles keine **Lösung**.

Du machst mich noch ganz **nervös**.

Nie putzt du mal die **Küche**.

Was soll das denn **plötzlich**?

Findest du das etwa **schön**?

Du machst **natürlich** gar nichts.

Musst du mich denn immer **stören**?

Du bist so **unhöflich**.

Nie bringst du mal den **Müll** runter.

Du bist total **verwöhnt**.

Das ist ja wieder mal **typisch**!

**Überall** liegen deine Sachen herum.

Kannst du deine **Bücher** nicht mal wegräumen?

Was willst du denn **überhaupt**?

Kannst du nicht mal richtig **zuhören**?

Du denkst immer nur an dein **Vergnügen**.

Du bist **verrückt**!

Du dummes, kleines **Würstchen**.

Du machst mich richtig **wütend**!

Du bist so **rücksichtslos**.

Du machst mich **unglücklich**!

Du bist so **unpünktlich**!

**44 Aussprachespiele**
ISBN 978-3-12-675187-2
Alles Digitale auf allango.net

| | | | | |
|---|---|---|---|---|
| aufhören | verwöhnt | überall | Vergnügen | wütend |
| Lösung | überhaupt | Müll | Bücher | verrückt |
| stören | nervös | unpünktlich | unglücklich | zuhören |
| natürlich | Gefühl | plötzlich | rücksichtslos | typisch |
| blöd | unhöflich | Küche | schön | Würstchen |

| | | | | |
|---|---|---|---|---|
| Lösung | überhaupt | Bücher | verrückt | Müll |
| natürlich | Gefühl | rücksichtslos | typisch | plötzlich |
| blöd | unhöflich | schön | Würstchen | Küche |
| stören | nervös | unglücklich | zuhören | unpünktlich |
| aufhören | verwöhnt | Vergnügen | wütend | überall |

| | | | | |
|---|---|---|---|---|
| stören | zuhören | unpünktlich | unglücklich | nervös |
| natürlich | typisch | plötzlich | rücksichtslos | Gefühl |
| blöd | Würstchen | Küche | schön | unhöflich |
| aufhören | wütend | überall | Vergnügen | verwöhnt |
| Lösung | verrückt | Müll | Bücher | überhaupt |

44 Aussprachespiele
ISBN 978-3-12-675187-2
Alles Digitale auf **allango.net**

| stören | zuhören | unpünktlich | Würstchen | typisch |
|--------|---------|-------------|-----------|---------|
| natürlich | nervös | plötzlich | schön | rücksichtslos |
| blöd | Gefühl | Küche | Vergnügen | verwöhnt |
| aufhören | wütend | überall | unglücklich | überhaupt |
| Lösung | verrückt | Müll | unhöflich | Bücher |

| stören | zuhören | unpünktlich | Würstchen | typisch |
|--------|---------|-------------|-----------|---------|
| natürlich | nervös | plötzlich | schön | rücksichtslos |
| Vergnügen | Lösung | Müll | Bücher | verrückt |
| blöd | Gefühl | Küche | unhöflich | verwöhnt |
| aufhören | wütend | überall | unglücklich | überhaupt |

| blöd | Gefühl | Küche | unhöflich | verwöhnt |
|--------|---------|-------------|-----------|---------|
| aufhören | wütend | überall | unglücklich | überhaupt |
| natürlich | nervös | plötzlich | schön | rücksichtslos |
| stören | zuhören | unpünktlich | Würstchen | typisch |
| Vergnügen | Lösung | Müll | Bücher | verrückt |

**44 Aussprachespiele**
ISBN 978-3-12-675187-2
Alles Digitale auf **allango.net**

# 38 | Neugieriges Bingo

**Phonetik-Thema:** Interrogative (steigende) Melodie, H-Laute und Vokalneueinsatz

**Mitspieler:**

- 6 bis beliebig viele

**Vorbereitung/Material:**

- pro Mitspieler eine Bingokarte kopieren

** bis ***

30 min

**Spielverlauf:**

Jeder Mitspieler erhält eine Bingokarte. Der Spielleiter erklärt zuerst das Spiel und spielt es vor. Jeder Mitspieler darf *genau fünf* anderen Mitspielern je nur eine Frage von der Bingokarte stellen. Für jede Ja-Antwort bekommt er eine Unterschrift vom Mitspieler. Ziel ist es, eine Bingoreihe zu bekommen (eine waagerechte, senkrechte oder diagonale Reihe mit Unterschriften). Wer zuerst eine solche Bingo-Reihe hat, ruft laut „Bingo!" und hat gewonnen. Danach muss er der Gruppe erzählen, auf welche Fragen er von wem eine Ja-Antwort bekommen hat.

Die Mitspieler dürfen die Frage nur beantworten, wenn die Melodie der Frage richtig ist (steigend) und alle H-Laute korrekt gebildet wurden. Der Spielleiter kontrolliert. Wenn im ersten Durchgang kein Mitspieler eine Bingo-Reihe hat, gibt es einen zweiten oder dritten Durchgang. Dann dürfen so lange weitere Mitspieler gefragt werden, bis jemand „Bingo!" ruft.

**Spielvarianten und weitere Übungsmöglichkeiten:**

- Es werden Bingokarten zu andere phonetische Themen angefertigt, z.B. E-Laute („Lernst du gern?" „Gehst du gern ins Kino?" „Kennst du ...?").
- Die Bingokarten enthalten nur Fragen zum Thema „Kleidung" nach dem Muster „Hast du ... an?" (z.B. „Hast du heute eine rote Hose an?").
- Die Mitspieler fertigen eine Bingokarte mit neugierigen Fragen an. Es sollte dann nur auf die entsprechende Frageform (Ja-Nein-Frage) mit entsprechender steigender Melodie und nicht auf besondere Laute ankommen.
- Die Fragen können mit unterschiedlichen Emotionen gesprochen werden (besonders neugierig, belustigt, ärgerlich etc.). Fertigen Sie dazu Emotionskärtchen an, die Mitspieler ziehen je eine Frage und ein Emotionskärtchen – die anderen Mitspieler raten die Emotion.
- Die Mitspieler können sich lustige Dialoge mit den Fragen und entsprechenden Antworten ausdenken und spielen. Auch Mimik und Gestik wird eingesetzt. Eine Jury bewertet die Korrektheit der Aussprache und die Originalität.

**Vorbereitung und Korrektur:**

- Die Mitspieler können die Fragen (Hörbeispiel 45) vor dem Spiel hören und nachsprechen.
- Ermuntern Sie die Mitspieler dazu, die Melodie am Ende der Fragen sehr deutlich ansteigend zu realisieren und mit Gesten zu begleiten.

**Hörbeispiel 45**

| 45/1 | 45/2 |
|---|---|
| Hast du einen Hund zu Hause? | Wohnst du in einem Hochhaus? |
| Hörst du gern Hip-Hop? | Hast du ein Unterhemd an? |
| Hast du oft Heimweh? | Hilfst du anderen gern? |
| Ist deine Haarfarbe echt? | Hast du Affen gern? |
| Hast du ein I-Phone? | Hast du schon mal Alkohol getrunken? |
| Hast du ein Haustier? | Hast du eine Oma? |
| Hast du mehr als 100 Bücher zu Hause? | Hast du Streichhölzer in der Hosentasche? |
| Sagst du immer die Wahrheit? | Isst du gern Honig? |

| | | | |
|---|---|---|---|
| Hast du einen Hund zu Hause? | Hörst du gern Hip-Hop? | Hast du oft Heimweh? | Ist deine Haarfarbe echt? |
| Hast du ein I-Phone? | Hast du ein Haustier? | Hast du mehr als 100 Bücher zu Hause? | Sagst du immer die Wahrheit? |
| Wohnst du in einem Hochhaus? | Hast du ein Unterhemd an? | Hilfst du anderen gern? | Hast du Affen gern? |
| Hast du schon mal Alkohol getrunken? | Hast du eine Oma? | Hast du Streichhölzer in der Hosentasche? | Isst du gern Honig? |

| | | | |
|---|---|---|---|
| Hast du einen Hund zu Hause? | Hörst du gern Hip-Hop? | Hast du oft Heimweh? | Ist deine Haarfarbe echt? |
| Hast du ein I-Phone? | Hast du ein Haustier? | Hast du mehr als 100 Bücher zu Hause? | Sagst du immer die Wahrheit? |
| Wohnst du in einem Hochhaus? | Hast du ein Unterhemd an? | Hilfst du anderen gern? | Hast du Affen gern? |
| Hast du schon mal Alkohol getrunken? | Hast du eine Oma? | Hast du Streichhölzer in der Hosentasche? | Isst du gern Honig? |

44 Aussprachespiele
ISBN 978-3-12-675187-2
Alles Digitale auf **allango.net**

# 39 | Wer bist du? Wie bist du?

**Phonetik-Thema:** Vokalquantität und -qualität

**Mitspieler:**

- bis 34, es muss eine gerade Anzahl von Mitspielern sein

**Vorbereitung/Material:**

- Pärchenkarten kopieren, auseinanderschneiden und mischen
- Wichtig: Pro Mitspieler ist nur eine Pärchenkarte und es sind nur zusammengehörende Pärchenkarten (bzgl. Vokalquantität und -qualität der Akzentvokale) im Spiel.

30 – 40 min

**Spielverlauf:**

Zuerst werden zwei Mitspieler ausgewählt und aus dem Raum geschickt. Jeder Mitspieler im Raum zieht eine Pärchenkarte und übt die Aussprache des Wortes auf seinem Kärtchen – besonders wichtig ist der Akzentvokal. Dann verteilen sich die Mitspieler beliebig im Raum. Nun werden die zwei Mitspieler von draußen wieder hereingeholt. Der Spielleiter erklärt ihnen die Aufgabe: Sie sollen von Mitspieler zu Mitspieler laufen und jeweils fragen: „Wer bist du?" „Wie bist du?"

Die Mitspieler antworten und benutzen jeweils das Wort von ihrem Kärtchen. Sie sagen z.B.:

| Künstler | „Ich bin ein Künstler." oder

| hübsch | „Ich bin hübsch."

Der Fragende achtet genau auf den Akzentvokal im gehörten Nomen oder Adjektiv. Wenn er zwei Mitspieler gefunden hat, die in den genannten Wörtern übereinstimmende Akzentvokale gesprochen haben (wie im Beispiel), nimmt er diese zwei Mitspieler an die Hand, führt sie zu seinem Platz und sucht weitere Paare. Nach einer vereinbarten Zeit ruft der Spielleiter „Stopp!" Die beiden Mitspieler müssen nun den anderen sagen, welche Paare sie gefunden haben. Dazu bilden sie Wortgruppen aus Adjektiv und Nomen, z.B.:

„Ich habe einen hübschen Künstler, eine alte Tante, ..." oder alternativ

„Ich habe zwei hübsche Künstler, zwei alte Tanten, ..."

Wer die meisten Paare gefunden und die Akzentvokale in den Wörtern richtig ausgesprochen hat, gewinnt.

**Spielvarianten und weitere Übungsmöglichkeiten:**

- Es können mehr als zwei Mitspieler vor die Tür geschickt werden und beim Finden von Paaren miteinander wetteifern.
- Man kann nach vorliegendem Muster neue Spiele gestalten. Dazu werden Pärchenkarten mit weiteren passenden Nomen und Adjektive angefertigt.
- Man kann das Spiel zu anderen phonetischen Problemen gestalten, z.B. für Plosive, Wortakzent auf verschiedenen Silben etc.
- Die Mitspieler können Geschichten zu den gefundenen Personen(paaren) erfinden, aufschreiben und vorlesen.

- Die Personen können umschrieben und von den anderen Mitspielern erraten werden, z.B.: „Meine Person malt Bilder und sieht sehr gut aus." Antwort: „Ein hübscher Künstler."

**Vorbereitung und Korrektur:**

- Die Mitspieler können die Paare (Hörbeispiel 46) *nach* dem Spiel hören und nachsprechen.
- Ermuntern Sie die Mitspieler, alle Wörter laut vorzulesen und die Vokalquantität und -qualität deutlich zu markieren (mit Gesten, besonders deutlich sprechen).

**Hörbeispiel 46**

**46/1**
ein sympathischer Maler
eine alte Tante
eine ehrliche Lehrerin
eine nette Chefin

**46/2**
eine liebe Cousine
ein dicker Tischler
ein großer Opa
ein toller Onkel

**46/3**
eine mutige Fußballspielerin
ein lustiger Junge
ein müder Schüler
eine hübsche Künstlerin

**46/4**
ein schöner Frisör
ein kleiner Fleischer
eine traurige Schauspielerin
eine treue Freundin

# Pärchenkarten

| | | | |
|---|---|---|---|
| sympathisch | Maler/in | alt | Tante |
| ehrlich | Lehrer/in | nett | Chef/in |
| lieb | Cousine | dick | Tischler/in |
| groß | Opa/Oma | toll | Onkel |
| mutig | Fußballspieler/in | lustig | Junge |
| schön | Frisör/in | hübsch | Künstler/in |
| müde | Schüler/in | klein | Fleischer/in |
| traurig | Schauspieler/in | treu | Freund/in |

44 Aussprachespiele
ISBN 978-3-12-675187-2
Alles Digitale auf **allango.net**

# 40 | Plötzlich ...

** bis ***

30 min

**Phonetik-Thema:** Wortgruppenakzentuierung, Rhythmus, Melodie, emotionale Sprechweise

**Mitspieler:**
- 6 bis 12

**Vorbereitung/Material:**
- Satzteilkarten kopieren, auseinanderschneiden und auf zwei getrennte Stapel (Wann- und Plötzlich-Karten) legen

**Spielverlauf:**

Jeder Mitspieler zieht von jedem Stapel eine Satzteilkarte (1 Wann- und 1 Plötzlich-Karte) und legt sie vor sich hin. Er hat die Aufgabe, jeden Satzteil zusammenhängend als Rhythmusgruppe und den Satz außerdem noch spannend und wie einen Geschichtenanfang vorzulesen. Dazu müssen besonders die fett gedruckten Silben betont werden. Das unterstrichene Wort (= Hauptakzent) wird besonders deutlich hervorgehoben. Am besten bereitet man das Vorlesen der Sätze vor dem Spiel mit einigen Beispielen vor.

**Beispiel:**

| | |
|---|---|
| An einem schönen **Früh**lingstag | hörte ich plötzlich die <u>Glo</u>cken läuten. |

Aus den Satzteilkarten ergeben sich viele Kombinationen für Geschichtenanfänge. Die Mitspieler setzen die angefangene Geschichte fort, indem jeder reihum mindestens einen weiteren Satz dazu sagt, z.B. A: „Ich war überrascht!"
B: „Ich schaute auf die Uhr." C: „Es war erst Viertel vor Vier am Morgen." D: ...

*Möglichkeit 1:* Es gibt keinen Gewinner. Ziel ist der Spaß am Geschichten erzählen.
*Möglichkeit 2:* Eine Jury prämiert a) den lustigsten oder interessantesten Geschichtenanfang; b) den Geschichtenanfang, der am korrektesten gesprochen wurde; c) die lustigste oder emotionalste gemeinsame Geschichte.

**Spielvarianten und weitere Übungsmöglichkeiten:**
- Die Geschichte kann auch von dem Mitspieler, der den Anfang der Geschichte vorgelesen hat, allein weiter erzählt werden.
- Der Mitspieler, der den Geschichtenanfang vorgelesen hat, kann einen Mitspieler bestimmen, der die Geschichte weitererzählt.
- Es können nach diesem Muster weitere Satzteilkärtchen angefertigt werden.
- Es kann vereinbart werden, dass in den Satz noch eingefügt werden muss, wo sich die Sache ereignet hat, z.B. *im Stadtpark, auf dem Mond, im Theater* →
  „An einem Abend im April im Stadtpark landete plötzlich neben mir ein Flugzeug."
- Es kann auch nur ein Wann-Kärtchen gezogen und dann der Satz vervollständigt werden.
- Auf den Kärtchen kann in den fett gedruckten Silben die Länge des Akzentvokals markiert werden (lang = unterstreichen, kurz = Punkt darunter).

**Vorbereitung und Korrektur:**

- Die Mitspieler können einige Sätze (Hörbeispiel 47) vor dem Spiel hören und nachsprechen.
- Notieren Sie sich eventuelle Fehler und üben Sie erst *nach* dem Spiel mit den Mitspielern; während der Geschichte erfolgt keine Fehlerkontrolle.

**Hörbeispiel 47**

### 47/1

An einem schönen Frühlingstag hörte ich plötzlich die Glocken läuten.
An einem Julimorgen stand vor mir plötzlich eine große schwarze Katze.
Drei Tage vor Weihnachten entdeckte ich plötzlich eine alte Spielzeugeisenbahn.
An einem Abend im April hörte ich plötzlich im Radio meinen Namen.
Vor langer, langer Zeit sangen plötzlich alle Menschen auf der Straße ein Frühlingslied.
An einem dunklen Winterabend begann es plötzlich zu schneien.

### 47/2

Vor drei Jahren fand ich plötzlich mitten auf dem Marktplatz sehr viel Geld.
Mitten in der Nacht klingelte es plötzlich an meiner Tür.
Im vergangenen Jahr tanzten plötzlich alle Menschen auf den Straßen.
In einer warmen Sommernacht landete plötzlich neben mir ein Flugzeug.
Am Donnerstagabend schrie plötzlich jemand laut um Hilfe.
Vor zehn Jahren sah ich plötzlich am Himmel ein helles Licht.

# WANN-Karten

# PLÖTZLICH-Karten

| | |
|---|---|
| An einem schönen **Früh**lingstag | hörte ich plötzlich<br>die **Glo**cken läuten. |
| An einem **Ju**limorgen | stand vor mir plötzlich<br>eine große schwarze **Kat**ze. |
| Drei Tage vor **Weih**nachten | entdeckte ich plötzlich<br>eine alte **Spiel**zeugeisenbahn. |
| An einem Abend im Ap**ril** | hörte ich plötzlich<br>im Radio meinen **Na**men. |
| Vor langer, langer **Zeit** | sangen plötzlich<br>alle Menschen auf der Straße ein<br>**Früh**lingslied. |
| An einem dunklen **Win**terabend | begann es plötzlich<br>zu **schnei**en. |
| Vor drei **Jah**ren | fand ich plötzlich<br>mitten auf dem Marktplatz sehr viel **Geld**. |
| Mitten in der **Nacht** | klingelte es plötzlich<br>an meiner **Tür.** |
| Im vergangenen **Jahr** | tanzten plötzlich<br>alle Menschen auf den **Stra**ßen. |
| In einer warmen **Som**mernacht | landete plötzlich<br>neben mir ein **Flug**zeug. |
| Am Donnerstagabend | schrie plötzlich<br>jemand laut um **Hil**fe. |
| Vor zehn **Jah**ren | sah ich plötzlich<br>am Himmel ein helles **Licht**. |

**44 Aussprachespiele**<br>ISBN 978-3-12-675187-2<br>Alles Digitale auf **allango.net**

# 41 | Gerüchteküche

**Phonetik-Thema:** Ö- und Ü-Laute

**Mitspieler:**
- 5 bis 15

✳✳

**Vorbereitung/Material:**
- Gerüchte-Kärtchen kopieren, auseinanderschneiden und mischen

🕐
10 – 15 min

**Spielverlauf:**

Jeder Mitspieler zieht ein oder mehrere Kärtchen (je nach Mitspielerzahl) und markiert auf seinem Kärtchen alle Ö- und Ü-Laute (lange Akzentvokale unterstreichen, kurze mit Punkt darunter). Nun beginnt ein Mitspieler das Spiel. Er sagt zuerst: „Ich habe gehört …" und liest dann vor, was auf seinem Kärtchen steht. Dabei setzt er den Namen eines anderen Mitspielers ein: „Ich habe gehört … Elisa spricht Französisch." Die genannte Person sagt, ob das Gerücht stimmt und ist als Nächstes dran.

*Möglichkeit 1*: Es gibt keinen Gewinner. Ziel ist der Spaß am Spiel.
*Möglichkeit 2*: Gewinner ist, wer seinen Satz am lustigsten vorliest. Die Mitspieler stimmen am Ende darüber ab.

**Spielvarianten und weitere Übungsmöglichkeiten:**
- Die Mitspieler notieren vor dem Spiel selbst Gerüchte auf einem Zettel, damit wird das Spiel gespielt. Sie sollten das Spiel dann aber bereits kennen.
- Fertigen Sie zusätzlich Emotionskärtchen an (z.B. lustig, traurig, geheimnisvoll). Jeder Mitspieler zieht ein Emotionskärtchen und trägt das Gerücht in der dort angegebenen Sprechweise vor. Die anderen raten die Emotion.
- Man kann vereinbaren, dass die Mitspieler zu jedem Gerücht noch ergänzen müssen, woher sie das Gerücht kennen, z.B.: „Ich habe gehört … Elisa spricht Französisch. Das hat mir Eva gesagt."
- Man kann die Gerüchte auch zum Üben der progredienten (weiterweisenden) und terminalen (fallenden) Melodie verwenden, dabei auch auf die Akzentsilben achten, z.B. „Ich habe ge**hört** → Elisa spricht Fran**zö**sisch ↘."
- Das Spiel kann als Kettenübung (ähnlich wie Kofferpacken) gespielt werden. Ein Mitspieler muss am Ende alle gehörten Gerüchte aufzählen, z.B. „Ich habe gehört: Elisa spricht Französisch, Eva hat grüne Strümpfe an, Peter kommt aus der Türkei, …" Dabei muss auch auf die schwebende Melodie geachtet werden.

**Vorbereitung und Korrektur:**
- Die Mitspieler können einige Gerüchte (Hörbeispiel 48) vor dem Spiel anhören und nachsprechen.
- Ermuntern Sie die Mitspieler, die langen und kurzen Ö- und Ü-Laute sehr bewusst auszusprechen und mit Gesten für lange und kurze Laute zu begleiten.

**Hörbeispiel 48**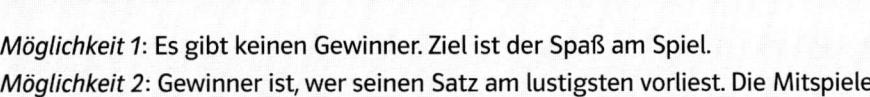

---

**48/1**

Ich habe gehört… Björn spricht Französisch.
Ich habe gehört… Frau Möller möchte Köchin werden.
Ich habe gehört… Jörg isst fünf Brötchen zum Frühstück.
Ich habe gehört… Frau Kühne hat grüne Strümpfe an.
Ich habe gehört… Herr Müller ist immer unpünktlich.

**48/2**

Ich habe gehört… Sören lebt in Österreich.
Ich habe gehört… Frau Möhler hat keinen Führerschein.

Ich habe gehört… Gül kommt aus der Türkei.
Ich habe gehört… Jörn kennt Goethe.
Ich habe gehört… Frau Möller hat fünfzig Vögel zu Hause.

**48/3**

Ich habe gehört… Börge steht sehr früh auf.
Ich habe gehört… Frau Mühler lügt immer.
Ich habe gehört… Jürgen war gestern beim Frisör.
Ich habe gehört… Herr Schüller ist ein berühmter Künstler.
Ich habe gehört… Frau Köhler kann Flöte spielen.

… spricht Französisch.

… lebt in Österreich.

… steht sehr früh auf.

… möchte Köchin werden.

… hat keinen Führerschein.

… lügt immer.

… isst fünf Brötchen zum Frühstück.

… kommt aus der Türkei.

… war gestern beim Frisör.

… hat grüne Strümpfe an.

… kennt Goethe.

… ist ein berühmter Künstler.

… ist immer unpünktlich.

… hat fünfzig Vögel zu Hause.

… kann Flöte spielen.

**44 Aussprachespiele**
ISBN 978-3-12-675187-2
Alles Digitale auf **allango.net**

# 42 | So eine dumme Frage!

**Phonetik-Thema:** Melodie, Plosive

**Mitspieler:**

- 8 bis 16

**Vorbereitung/Material:**

- Frage- und Antwortkärtchen kopieren und auseinanderschneiden
- Kärtchen getrennt mischen und auf zwei Stapel legen

**Spielverlauf:**

Jeder Mitspieler zieht ein oder zwei Fragekärtchen und jeweils doppelt so viele Antwortkärtchen. Nun beginnt ein Mitspieler das Spiel. Er liest eine Frage mit steigender Melodie vor und bestimmt einen Mitspieler, der die Frage beantworten muss. Dieser Mitspieler wählt eine seiner Antwortkärtchen aus und liest die Antwort darauf vor. Dann liest er die nächste Frage von seinem Fragekärtchen vor und bestimmt den nächsten Mitspieler, der antworten muss usw.

*Achtung:* Die Fragen und Antworten werden mit der richtigen Melodie (steigend oder fallend) und sehr emotional (übertrieben) vorgelesen.

**Beispiel:**

„Können Kamele Karate?" ↗   „Auf gar keinen Fall!" ↘

Gewinner ist, wer zuerst keine Frage- und Antwortkärtchen mehr hat.

**Spielvarianten und weitere Übungsmöglichkeiten:**

- Für das Spiel kann man auch nur die Fragekärtchen verwenden (empfehlenswert für Anfänger) und ggf. vereinbaren, dass sie besonders ausdrucksvoll, lustig und emotional (nachdrücklich) vorgelesen werden.
- Man kann auch die Anzahl der Antwortkärtchen begrenzen, nur relativ einfache Antwortkärtchen verwenden oder selbst passende Antwortkärtchen anfertigen.
- Man kann vereinbaren, dass die Antwort ausführlicher sein muss, d.h. die Mitspieler lesen zuerst die Antwort vor und müssen diese dann überzeugend begründen.
- Die Mitspieler können nach dem vorgegebenen Muster selbst ein Spiel anfertigen (auch zu anderen phonetischen Themen, z.B. lange und kurze Akzentvokale, Ö- und Ü-Laute usw.) und zusammen spielen.
- Auf den Frage- und Antwortkärtchen können die Mitspieler die entsprechenden Melodiepfeile (steigend ↗, gleichbleibend →, fallend ↘) eintragen.
- Die Mitspieler können die Plosive mit unterschiedlichen Farben markieren.
- Aus den Fragen können Aussagen formuliert und mit entsprechender Melodie vorgelesen werden, z.B. „Küssen Kamele gern?" ↗ – „Kamele küssen gern." ↘
- Es können weitere Tiernamen mit Plosiven gesammelt und dazu Fragen erfunden werden, z.B. *Katzen:* „Können Katzen klettern?"

**Vorbereitung und Korrektur:**

- Die Mitspieler können einige Fragen und Antworten (Hörbeispiel 49) vor dem Spiel hören und nachsprechen.
- Ermuntern Sie die Mitspieler, die steigende oder fallende Melodie mit Gesten zu begleiten und die Fortisplosive (v. a. auf den Fragekärtchen) besonders deutlich gespannt und aspiriert zu sprechen.

### 49/1

Können Kamele Karate? –
  Warum fragen Sie gerade mich?
Können Kühe kegeln? –
  Ich denke ja. Was denken Sie?
Grillen Gänse gern? –
  Ich verstehe nicht, was Sie damit meinen.
Geben Giraffen Geigenunterricht? –
  Darüber habe ich auch schon oft nachgedacht.
Küssen Kamele gern? –
  Diese Frage ist mir aber peinlich.
Kriegen Gänse Kopfschmerzen? –
  Das ist aber eine sehr interessante Frage.
Gucken Kühe gern Kinofilme? – Auf gar keinen Fall!

### 49/2

Trinken Tiere täglich Tee? –
  Diese Frage ist wirklich sehr kompliziert.
Tanzen Tiger Tango? – Nein, Tiere tun so etwas nicht.

Dürfen Delfine demonstrieren? –
  Ich finde sowieso, dass Tiere viel mehr Rechte bekommen
  sollten.
Dürfen Dachse Delfine duzen? –
  Ich halte diese Frage für dumm.

### 49/3

Packen Pinguine Pakete? –
  Und sonst wollen Sie nichts wissen?
Putzen Papageien prima? –
  Das hängt von der Situation ab.
Brauchen Bären Badeanzüge? –
  Können Sie sich bitte etwas deutlicher ausdrücken?
Benutzen Bienen Bankautomaten? –
  Das sollten wir später diskutieren.
Bezahlen Pinguine Parkgebühren? – Ja, natürlich!

# Fragen

| | |
|---|---|
| Können Kamele Karate? | Tanzen Tiger Tango? |
| Können Kühe kegeln? | Dürfen Delfine demonstrieren? |
| Grillen Gänse gern? | Dürfen Dachse Delfine duzen? |
| Geben Giraffen Geigenunterricht? | Packen Pinguine Pakete? |
| Küssen Kamele gern? | Putzen Papageien prima? |
| Kriegen Gänse Kopfschmerzen? | Brauchen Bären Badeanzüge? |
| Gucken Kühe gern Kinofilme? | Benutzen Bienen Bankautomaten? |
| Trinken Tiere täglich Tee? | Bezahlen Pinguine Parkgebühren? |

**44 Aussprachespiele**
ISBN 978-3-12-675187-2
Alles Digitale auf **allango.net**

# Antworten

| | | | |
|---|---|---|---|
| Das ist aber eine sehr interessante Frage. | Das kann man doch überhaupt nicht beantworten. | Können Sie die Frage bitte noch mal wiederholen? | Darüber sollten wir wirklich mal nachdenken. |
| Ich bin jedenfalls dagegen. | Diese Frage ist wirklich sehr kompliziert. | Ich kenne die Antwort leider nicht. | Ich denke ja. Was denken Sie? |
| Diese Frage ist mir aber peinlich. | Ich verstehe nicht, was Sie damit meinen. | Können Sie sich bitte etwas deutlicher ausdrücken? | Warum fragen Sie gerade mich? |
| Darüber habe ich auch schon oft nachgedacht. | Darüber möchte ich wirklich nicht sprechen. | Ich halte diese Frage für dumm. | Seit wann interessieren Sie sich denn dafür? |
| Das interessiert mich nicht. | Das sollten wir später diskutieren. | Fragen Sie mich bitte morgen noch mal? | Warum eigentlich nicht? |
| Das fragt man doch nicht. | Ich verstehe nicht, wo das Problem liegt. | Das hängt von der Situation ab. | Ja, natürlich! |
| Ich halte es jedenfalls für möglich. | Gibt es nicht wichtigere Fragen? | Diese Frage bringt uns nicht weiter. | Ich finde sowieso, dass Tiere viel mehr Rechte bekommen sollten. |
| Nein, Tiere tun so etwas nicht. | Nein, natürlich nicht! | Ist das nicht selbstverständlich? | Auf gar keinen Fall! |
| Fragen Sie bitte jemand anders. | Haben Sie sich diese Frage gut überlegt? | Und sonst wollen Sie nichts wissen? | Unglaublich! Ich bin entsetzt! |

 **44 Aussprachespiele**
ISBN 978-3-12-675187-2
Alles Digitale auf allango.net

# 43 | Richtig reagieren

**Phonetik-Thema:** Gesprächsverhalten

** bis
***

**Mitspieler:**
- mindestens 3, besser mehr (v.a. als Beobachter)

**Vorbereitung/Material:**
- Sprecher- und Zuhörerkarten kopieren und auseinanderschneiden
- Kärtchen getrennt mischen und auf zwei Stapel legen

ca. 20 min

**Spielverlauf:**
Alle Sprecher- und Zuhörerkärtchen werden vor dem Spiel den Mitspielern gezeigt (Tafel oder Arbeitsblatt). Die Mitspieler lesen, was auf den Kärtchen steht. Der Spielleiter beantwortet ggf. Fragen.

Zwei Mitspieler werden nun für das Rollenspiel ausgewählt – ein Mitspieler übernimmt die Sprecherrolle (und zieht ein Sprecherkärtchen) und ein Mitspieler übernimmt die Zuhörerrolle (und zieht ein Zuhörerkärtchen). Beide verraten sich gegenseitig und den Beobachtern nicht, was auf ihren Kärtchen steht. Das ist besonders im Hinblick auf die Zuhörerrolle wichtig.
Beide Mitspieler setzen sich einander gegenüber und führen ein Gespräch nach den Anweisungen auf ihren Kärtchen. Die anderen Mitspieler beobachten das Gespräch und sagen am Ende, welches Kärtchen vom Zuhörer benutzt worden ist und wie sie das Verhalten des Zuhörers fanden.

Dann teilen Zuhörer und Sprecher den anderen mit, wie sie sich beim Gespräch gefühlt haben (Was war angenehm/unangenehm, gewohnt/ungewohnt, höflich/unhöflich? Wie hat sich das Verhalten auf das Gespräch ausgewirkt? usw.).

Danach wird diskutiert, wer schon auffällige Besonderheiten beim Zuhören in Gesprächen erlebt hat, z.B. bei verschiedenen Personen; im eigenen Heimatland; in anderen Ländern; in Filmen; in Dokumentationen …

Es gibt keinen Gewinner, Ziel ist das Ausprobieren von Zuhörerrollen und die Diskussion darüber.

**Spielvarianten und weitere Übungsmöglichkeiten:**
- Ein Mitspieler kann nacheinander verschiedene Zuhörerkärtchen ausprobieren – am Ende wird diskutiert, welche Rolle am besten zu ihm gepasst hat bzw. ob gar keine Rolle richtig gepasst hat.
- Die Mitspieler können weitere Sprecher- und Zuhörerkärtchen anfertigen und für das Spiel verwenden (andere Gesprächsthemen, anderes Zuhörverhalten).
- Nach dem Spiel kann man das Zuhörverhalten gezielt in Filmen, auf der Straße usw. beobachten und diskutieren. Dazu werden vorher entsprechende Aufgaben verteilt, z.B. Menschen a) bei einem Gespräch im Café; b) bei einem Verkaufsgespräch; c) … zu beobachten.

**Vorbereitung und Korrektur:**
- Während des Spiels erfolgt keine Korrektur von Aussprachefehlern, Sie können sich ggf. Fehler notieren und später Übungen dazu anbieten.

## Sprecherkarten

## Zuhörerkarten

---

Was essen Sie gern?
Was essen Sie nicht gern?
Erzählen Sie.

Bitte nur zuhören, nichts sagen!
Lächeln Sie die Sprecherin/den Sprecher
nur freundlich an.

---

Welche Stadt gefällt Ihnen und warum?
Erzählen Sie.

Bitte nur zuhören, nichts sagen!
Gucken Sie nach unten, schließen Sie
die Augen.

---

Was machen Sie im Urlaub?
Erzählen Sie.

Bitte sehr interessiert zuhören!
Nicken Sie mit dem Kopf und reagieren
Sie oft mit *„Hm!" „Ach so!" „Ah ja!"* . . .

---

Welcher Beruf gefällt Ihnen?
Warum?
Erzählen Sie.

Bitte sehr ungeduldig zuhören!
Unterbrechen Sie z.B. mit *„Moment
mal!", „Entschuldigung!"* und erzählen
Sie selbst.

---

Was ist Ihr Hobby?
Erzählen Sie.

Bitte sehr unkonzentriert zuhören!
Beschäftigen Sie sich mit anderen
Dingen, z.B. etwas in der Tasche oder
auf dem Boden suchen, in eine andere
Richtung schauen, . . .

---

**44 Aussprachespiele**
ISBN 978-3-12-675187-2
Alles Digitale auf allango.net

© Ernst Klett Sprachen GmbH, Stuttgart 2023 | www.klett-sprachen.de | Alle Rechte vorbehalten. Die Nutzung der Inhalte
für Text- und Data-Mining ist ausdrücklich vorbehalten und daher untersagt. Von dieser Druckvorlage ist die Vervielfältigung
für den eigenen Unterrichtsgebrauch gestattet. Die Kopiergebühren sind abgegolten.

# 44 | Eine R-Reise nach Regensburg

**Phonetik-Thema:** R-Laute (vokalisch und konsonantisch)

**Mitspieler:**
- mindestens 5

**Vorbereitung/Material:**
- Wortkärtchen kopieren, auseinanderschneiden und mischen

10 – 30 min
variabel

**Spielverlauf:**
Der Spielleiter nennt das Thema der Geschichte „Eine Reise nach Regensburg".
Dann zieht er ein Wortkärtchen und hält es hoch. Die Mitspieler müssen sich einen
passenden Satz zur Geschichte überlegen, in dem das Wort vorkommt. Wer einen
Satz sagen kann, meldet sich und trägt den Satz vor. Dann kommt das nächste
Wort an die Reihe usw. Alternativ bekommt ein Mitspieler die gut gemischten
Wortkärtchen und leitet das Spiel.

**Beispiel:**

| Radio | *Morgens schaltete Rudi das Radio ein.* |
| Regen | *Er hörte den Regen am Fenster.* |
| verreisen | *Man müsste verreisen, dachte er.* |

Wenn das letzte Kärtchen gezeigt worden ist, endet die Geschichte. Der Spielleiter
kann – wenn nötig – noch einen guten Schluss hinzufügen oder als Hausaufgabe
die Geschichte zu Ende schreiben lassen. Zusätzlich sollen die Mitspieler die
R-Laute verschiedenfarbig (vokalisch/konsonantisch) unterstreichen.

Es gibt keinen Gewinner. Ziel ist der Spaß am Geschichten erzählen.

**Spielvarianten und weitere Übungsmöglichkeiten:**
- Nach dem gleichen Muster können andere gemeinsame Geschichten erzählt
  werden, die andere phonetische Schwerpunkte enthalten (Ö- und Ü-Laute,
  E-Laute, …) und ein anderes passendes Thema haben:
  „Eine Reise nach Köln" (Ö-Laute); „Eine Reise nach München" (Ü-Laute) usw.
- Die gemeinsame Geschichte kann auch folgendermaßen erzählt werden:
  - Jeder Mitspieler muss so lange erzählen, wie das Wort hochgehalten wird.
    Erst wenn das nächste Kärtchen gezeigt wird, ist der nächste Mitspieler dran.
  - Jeder Mitspieler entscheidet selbst, wie lange er reden möchte.

- Die Mitspieler bekommen vor dem Spiel die Hausaufgabe, aus Zeitungen und
  Zeitschriften Wörter auszuschneiden und aufzukleben (Überschriften oder
  Schlagzeilen), die R-Laute enthalten. Mit diesen Wörtern wird die Geschichte
  erzählt. Alternativ können Bilder ausgeschnitten werden – die Wörter für die
  Abbildungen müssen aber einen R-Laut beinhalten, z.B. *Rose, Rad,* …
- Die Mitspieler können vor dem Spiel gemeinsam Wörter mit R-Lauten sammeln
  und auf Zettel schreiben. Diese werden dann für das Spiel verwendet.

**Vorbereitung und Korrektur:**
- Während des Spiels erfolgt keine Fehlerkorrektur, Sie können sich ggf. Fehler
  notieren und später Übungen dazu anbieten.

| | | | | |
|---|---|---|---|---|
| Reh | Ring | Rock | Reis | Raum |
| Brief | Regen | Rede | Ruhe | Reifen |
| Rose | Brille | Brücke | Frisör | Rezept |
| Regal | Prospekt | Rückfahrt | Rathaus | Rucksack |
| Rundgang | Reisebus | Regenschirm | Rolltreppe | Radio |
| Krankenhaus | Reparatur | Reporter | Restaurant | Rasierapparat |
| raten | rauchen | räumen | reagieren | grüßen |
| treffen | rennen | regnen | schreiben | prüfen |
| drücken | freuen | frieren | bringen | drehen |
| vergessen | verreisen | verstehen | gratulieren | krank |
| realistisch | schwer | rechts | rot | ruhig |
| schrecklich | frei | frisch | froh | trotzdem |

44 Aussprachespiele
ISBN 978-3-12-675187-2
Alles Digitale auf allango.net